Babette Ulmer

Zauberhafte TÜCHER stricken

Inhalt

Schwierigkeitsgrade

✻ = einfach
✻✻ = mittel
✻✻✻ = schwierig

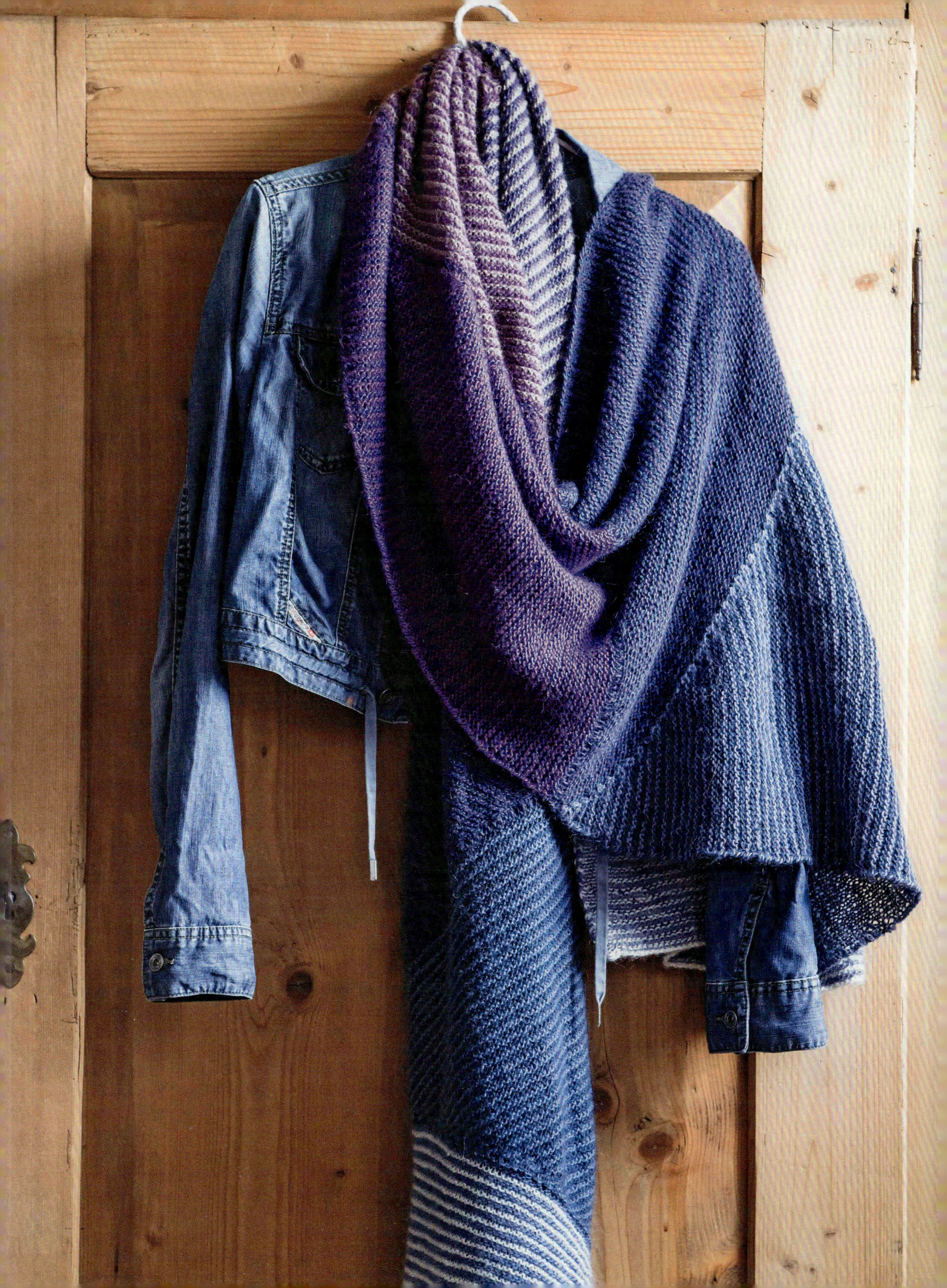

Traumhafte Tücherkunst

Sie werden als Blickfang um den Hals gelegt, als modisches Accessoire lässig über den Schultern geknotet oder sind zum Reinkuscheln und Wärmen da: Von diesen Tüchern kann man nie genug haben! Und auch als ein ganz besonderes Geschenk ist ein selbst gestrickter Halsschmeichler immer willkommen.

In diesem Buch finden Sie eine reiche Auswahl an Tüchern und Stolen. Sie werden aus edlen Garnen in Unifarben, in harmonischen Farbkombinationen oder knallbunt gestrickt. Patentmuster, Hebemaschen oder Loch- oder Kraus-Rechts-Muster geben diesen Modellen ihren speziellen Charakter. Egal, ob Sie wenig Strickerfahrung haben oder zu den Profis gehören, Sie werden hier auf jeden Fall Ihr Lieblingstuch finden und mit den detaillierten Anleitungen nacharbeiten können. Ein Hinweis zum Schwierigkeitsgrad der Modelle hilft bei der Auswahl.

Beim Stricken ist zwar etwas Geduld gefragt, aber als Belohnung ist dann die Freude an einer traumhaft schönen Eigenproduktion besonders groß!

Ich wünsche Ihnen viel Spaß beim Stricken!

Babette Ulmer

Besonders herzlich möchte ich mich bei Annette Krupka, Eva Huber, Maria Böhly, Gaby Scharpf, Claudia Kritzer, Claudia Schröder-Dassow und Birgit Schwer bedanken, die die Modelle so schön gestrickt haben!

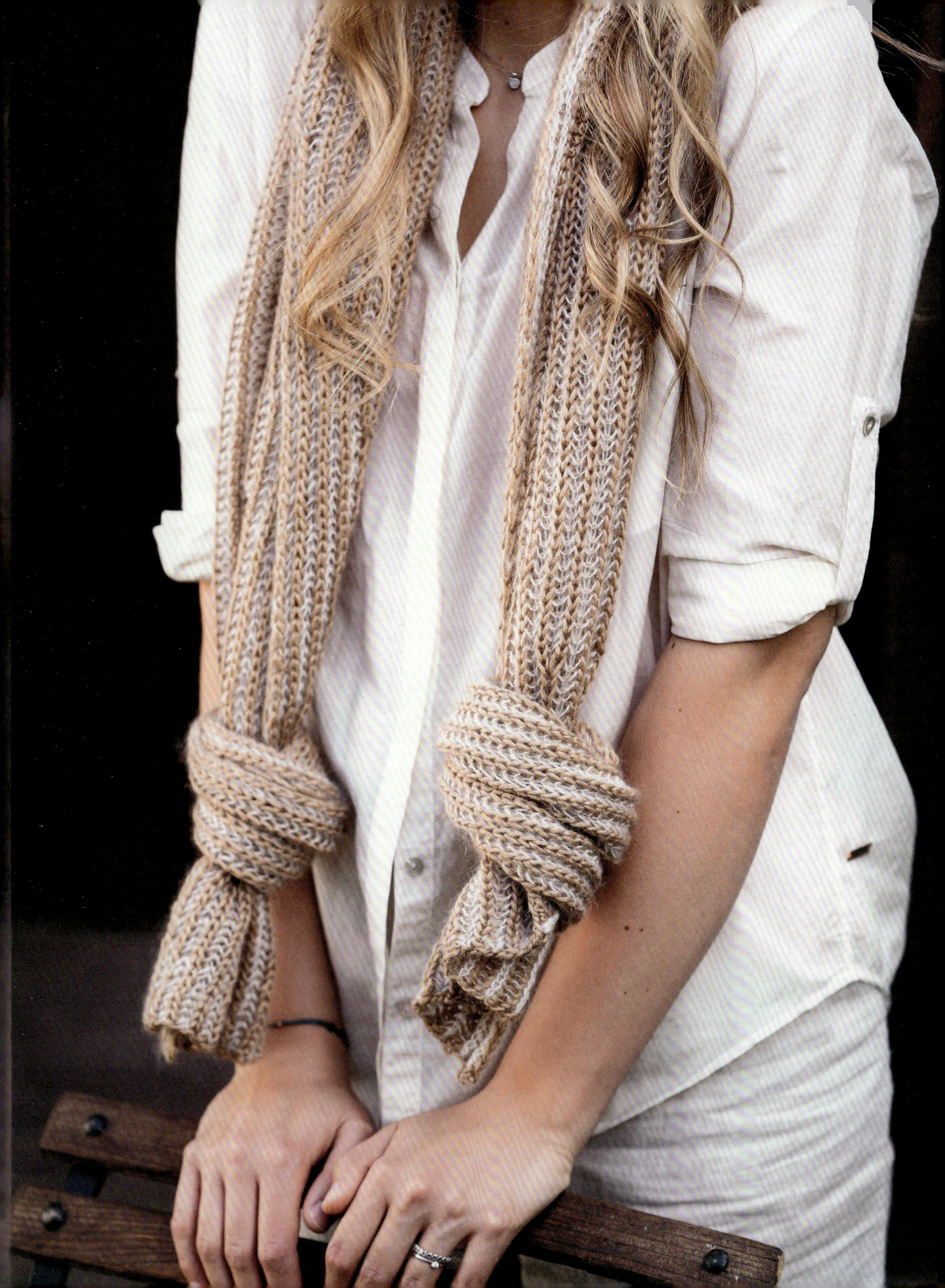

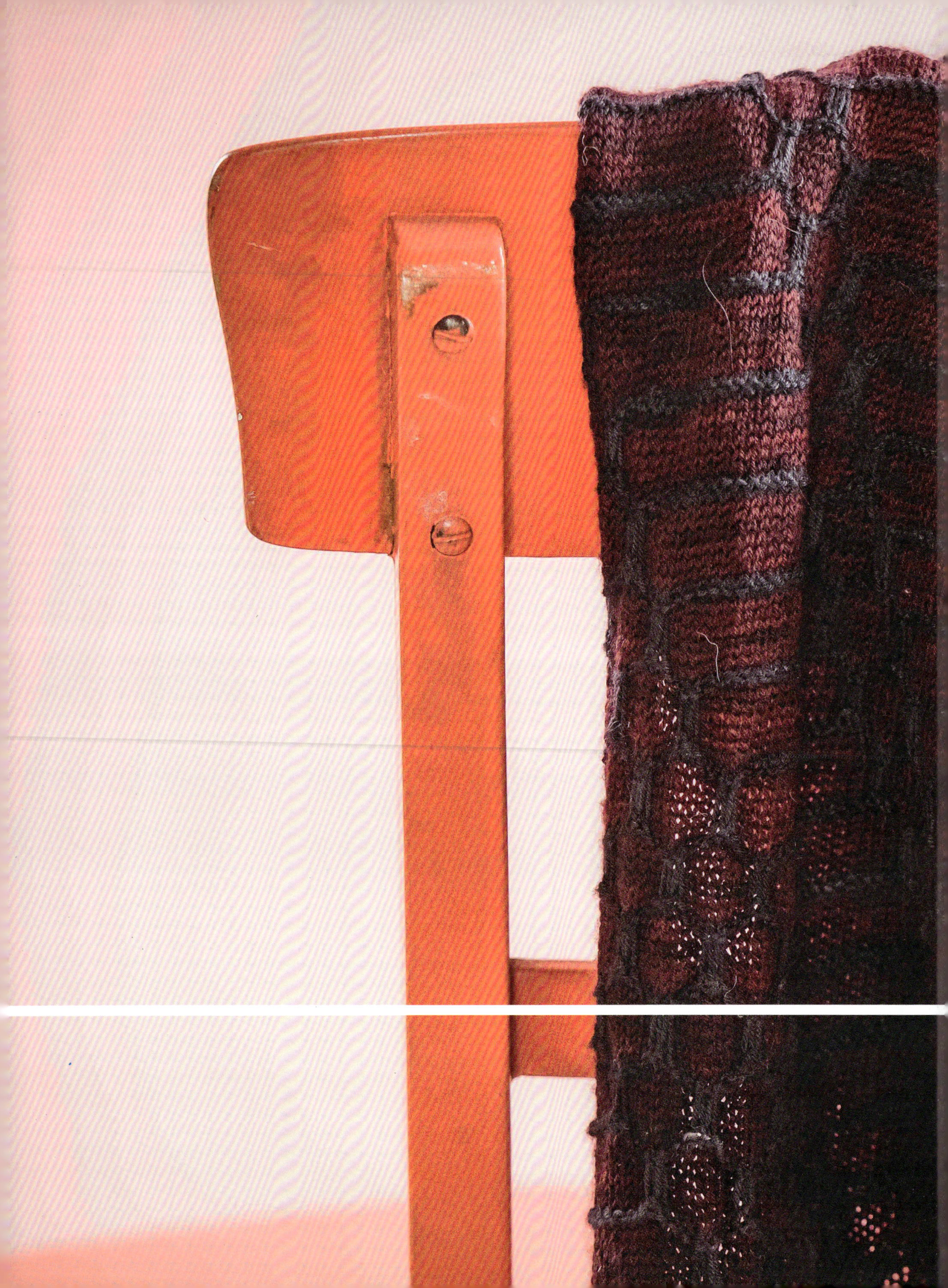

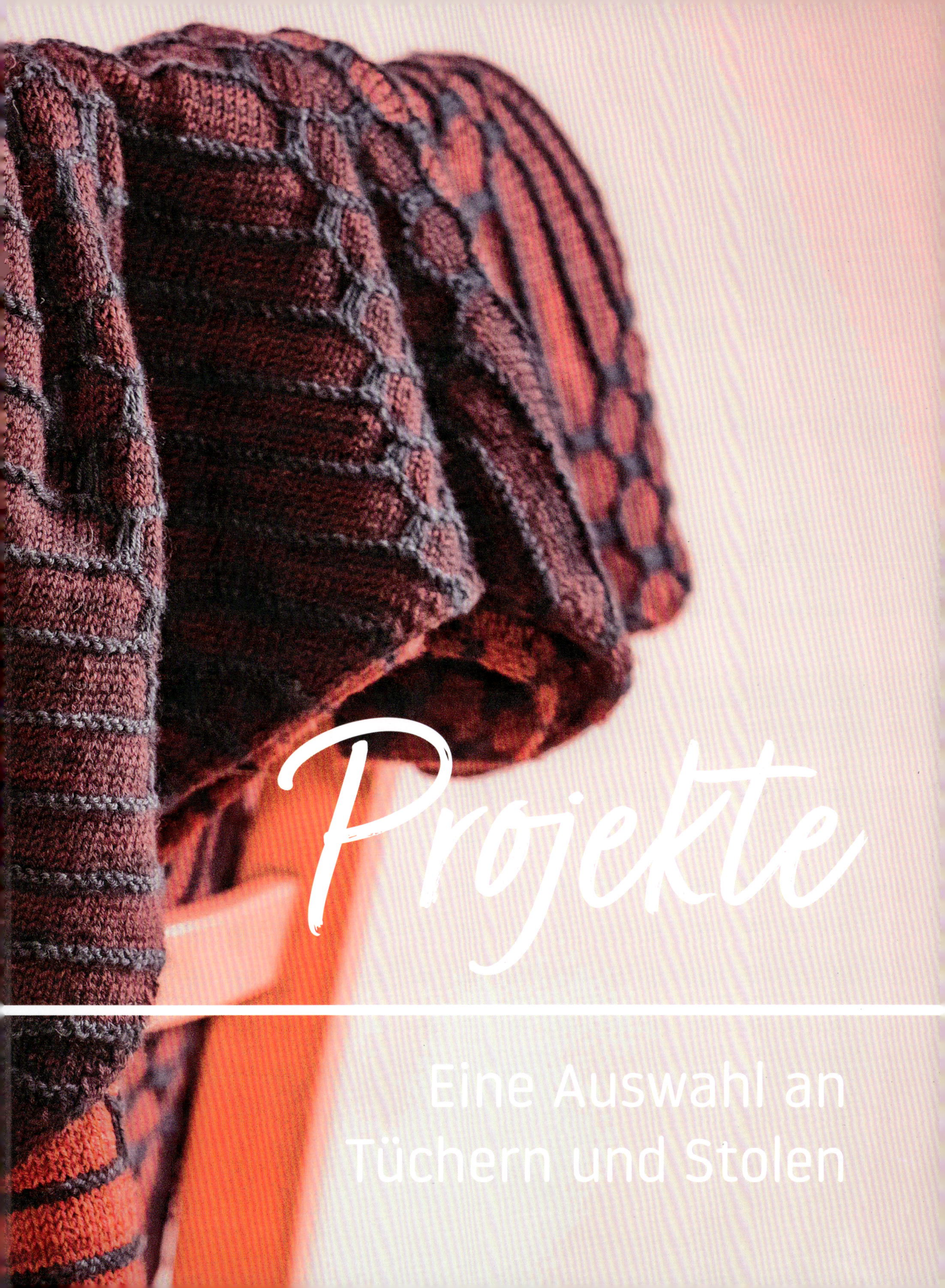

Projekte

Eine Auswahl an Tüchern und Stolen

Wilder Süden

Buntes Tuch im Mustermix

GRÖSSE

59 x 230 cm

MATERIAL

Locoporella „Merino Singles" (100 % Schurwolle, Lauflänge ca. 365 m/100 g):
je 100 g Gletscher, Pacific Teal und Curry
1 Rundstricknadel Nr. 3

MUSTER

Kraus rechts
In Hin- und Rückreihen rechte Maschen stricken.

Hebemaschenmuster A und B
Maschenzahl teilbar durch 10. Nach Strickschrift A und B arbeiten. Es sind die Hin- und Rückreihen gezeichnet. Die Maschen sind gezeichnet, wie sie gestrickt werden. Mit den Maschen vor dem Rapport beginnen, den gekennzeichneten Rapport von 10 Maschen pro Reihe stets wiederholen und mit den Maschen nach dem Rapport enden. 1 x die 1.–62. Reihe arbeiten.

Ajourmuster C und D
Maschenzahl teilbar durch 10. Nach Strickschrift C und D arbeiten. Es sind die Hin- und Rückreihen gezeichnet. Die Maschen sind gezeichnet, wie sie gestrickt werden. Mit den Maschen vor dem Rapport beginnen, den gekennzeichneten Rapport von 10 Maschen pro Reihe stets wiederholen und mit den Maschen nach dem Rapport enden. Strickschrift C: 1 x die 1.–56. Reihe arbeiten. Strickschrift D: 1 x die 1.–64. Reihe arbeiten.

Muster- und Streifenfolge
85 Reihen kraus rechts in Gletscher, 90 Reihen kraus rechts, dabei abwechselnd je 2 Reihen Pacific Teal und 2 Reihen Gletscher stricken, 62 Reihen Hebemaschenmuster A, dabei abwechselnd je 2 Reihen Curry und 2 Reihen Pacific Teal stricken, 56 Reihen Ajourmuster C, dabei 40 Reihen in Curry und 16 Reihen in Gletscher stricken, 28 Reihen kraus rechts in Gletscher, 54 Reihen kraus rechts, dabei abwechselnd je 2 Reihen Curry und 2 Reihen Gletscher stricken, 62 Reihen Hebemaschenmuster B, dabei * 2 Reihen Gletscher, 2 Reihen Curry, ab * 5 x arbeiten, dann ** 2 Reihen Pacific Teal, 2 Reihen Curry,

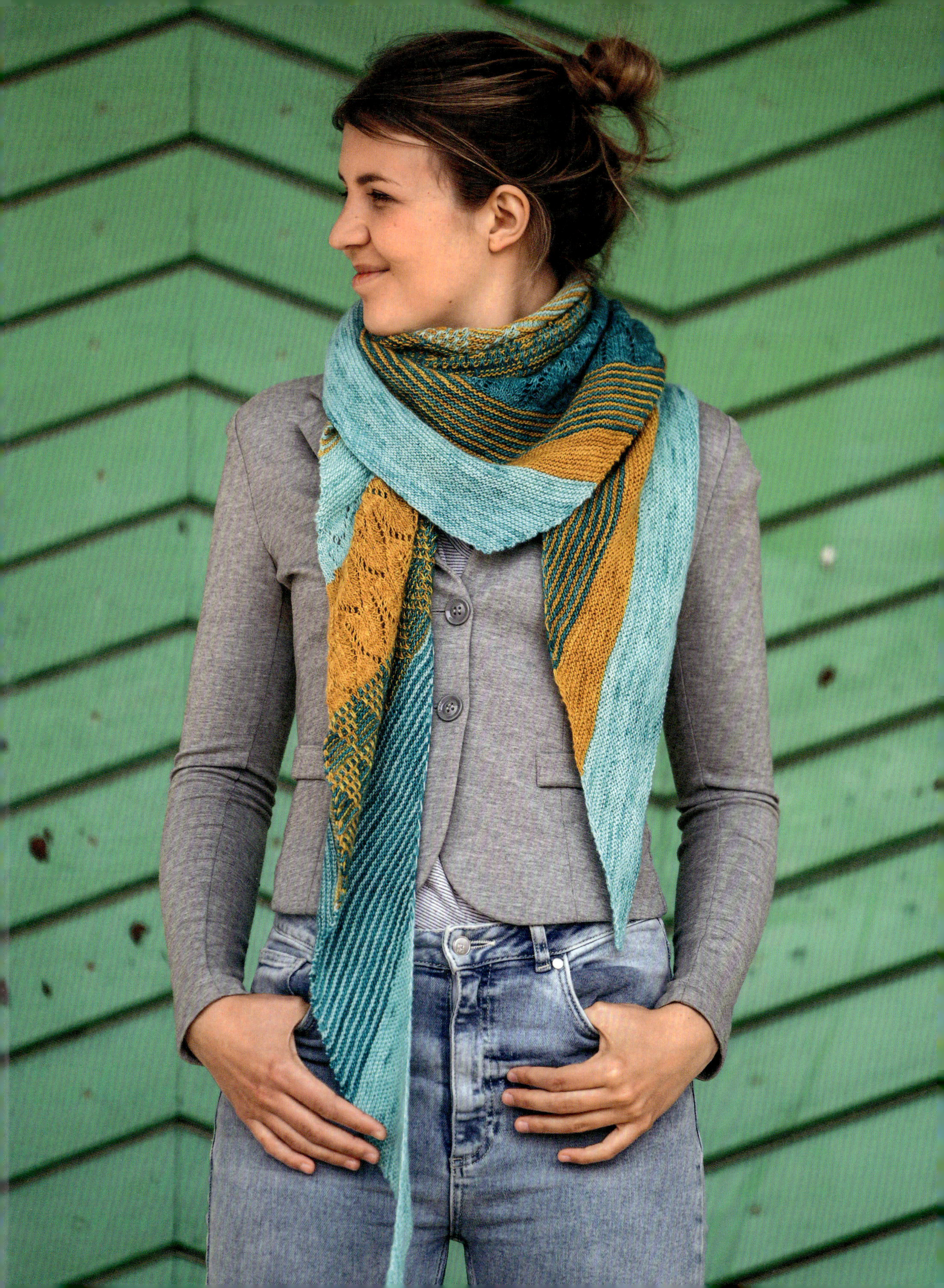

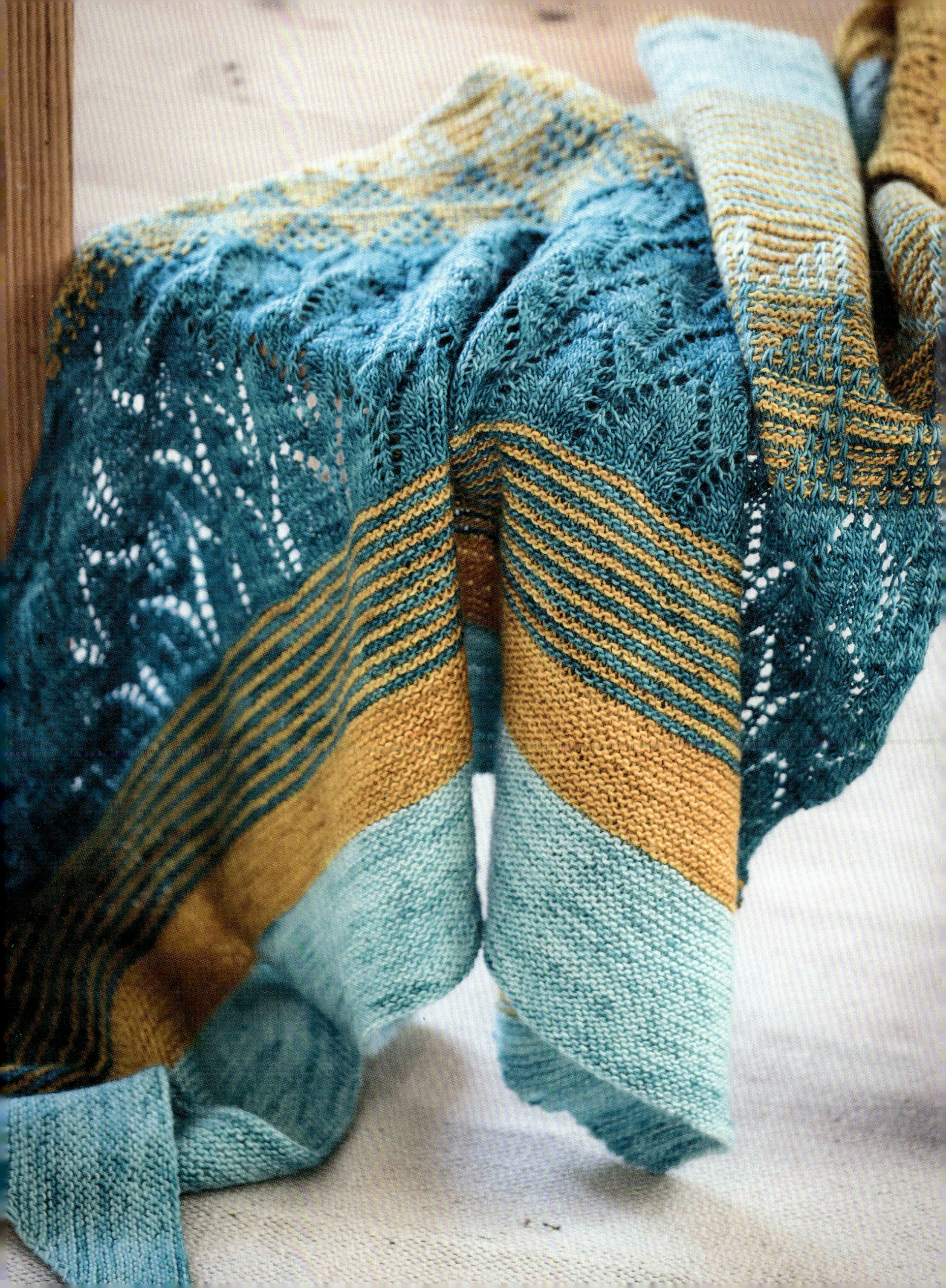

ab ** 10 x arbeiten und 2 Reihen Pacific Teal stricken, 64 Reihen Ajourmuster D in Pacific Teal, 36 Reihen kraus rechts, dabei abwechselnd je 2 Reihen Pacific Teal und 2 Reihen Curry stricken, 20 Reihen kraus rechts in Curry, 42 Reihen kraus rechts in Gletscher.

Betonte Zunahmen in Hinreihen
Am Reihenanfang: 1 Masche rechts, 1 Masche aus dem Querfaden mustergemäß verschränkt herausstricken.

Betonte Zunahmen in Rückreihen
Am Reihenende: Bis zur letzten Masche mustergemäß stricken, 1 Masche aus dem Querfaden mustergemäß verschränkt herausstricken, 1 Masche rechts.

Betonte Abnahmen in Hinreihen
Am Reihenende: Bis zu den letzten 2 Maschen mustergemäß stricken, 2 Maschen rechts zusammenstricken.

MASCHENPROBEN

Kraus rechts: 26 Maschen und 56 Reihen = 10 x 10 cm
Ajourmuster: 26 Maschen und 36 Reihen = 10 x 10 cm
Hebemaschenmuster: 28,5 Maschen und 39 Reihen = 10 x 10 cm

ANLEITUNG

3 Maschen mit Nadeln Nr. 3 in Gletscher anschlagen und in der Muster- und Streifenfolge stricken, dabei mit einer Rückreihe beginnen. Ab der folgenden Hinreihe zur Formgebung am rechten Rand 3 x in jeder Reihe je 1 Masche, dann * 1 x in der folgenden 2. Reihe, 1 x in der folgenden Reihe, 1 x in der folgenden 2. Reihe und 2 x in jeder Reihe je 1 Masche betont zunehmen, ab * stets wiederholen und am linken Rand in jeder 4. Reihe je 1 Masche betont abnehmen. Nach der Muster- und Streifenfolge alle Maschen abketten.

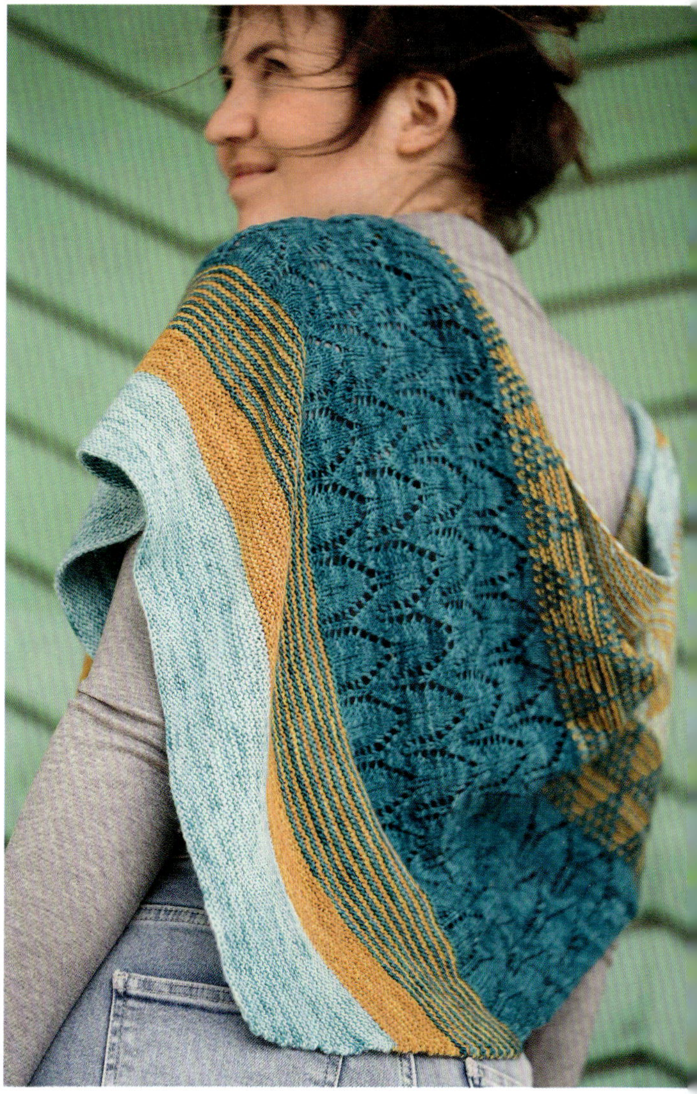

Strickschrift A

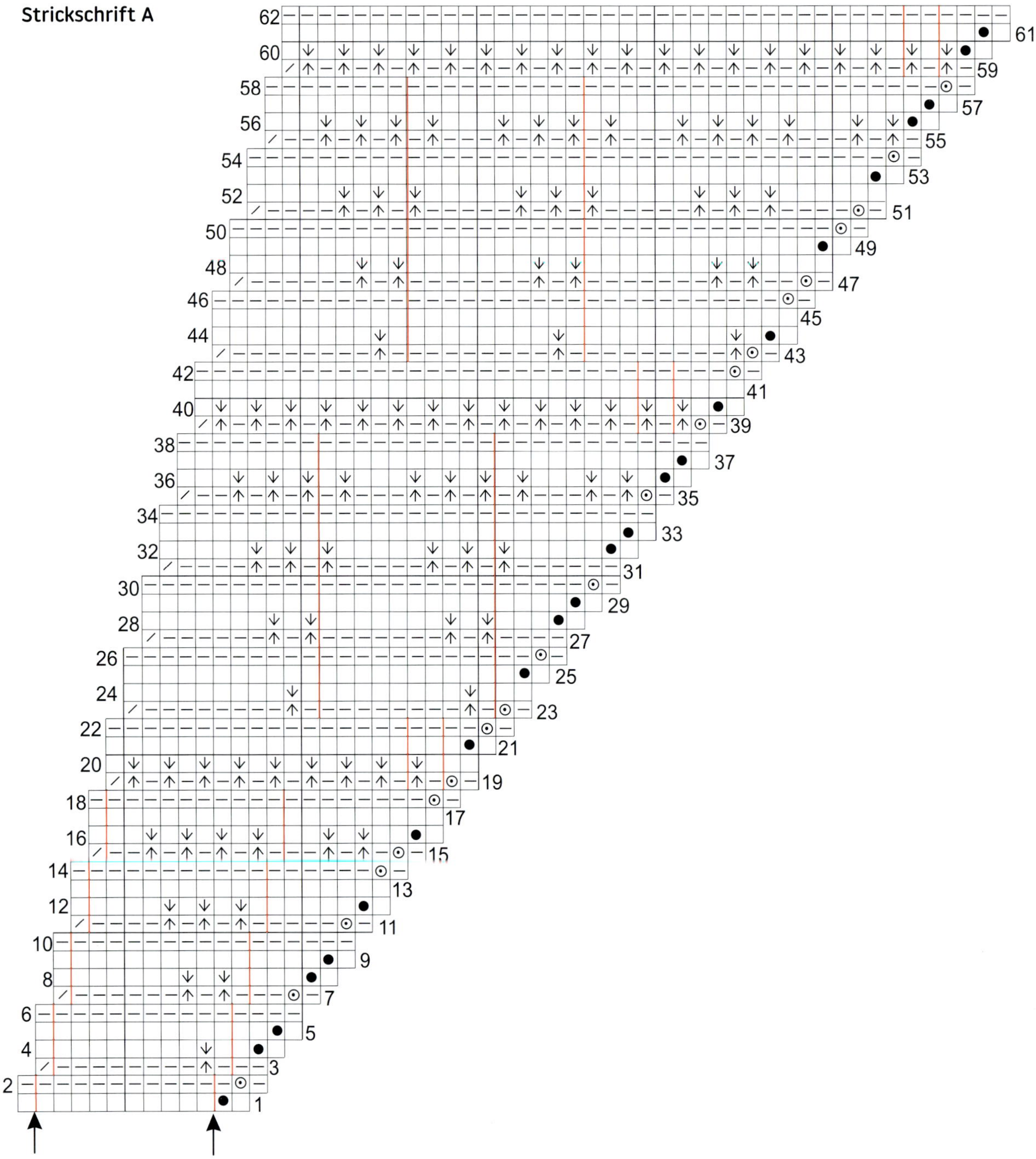

Strickschrift B

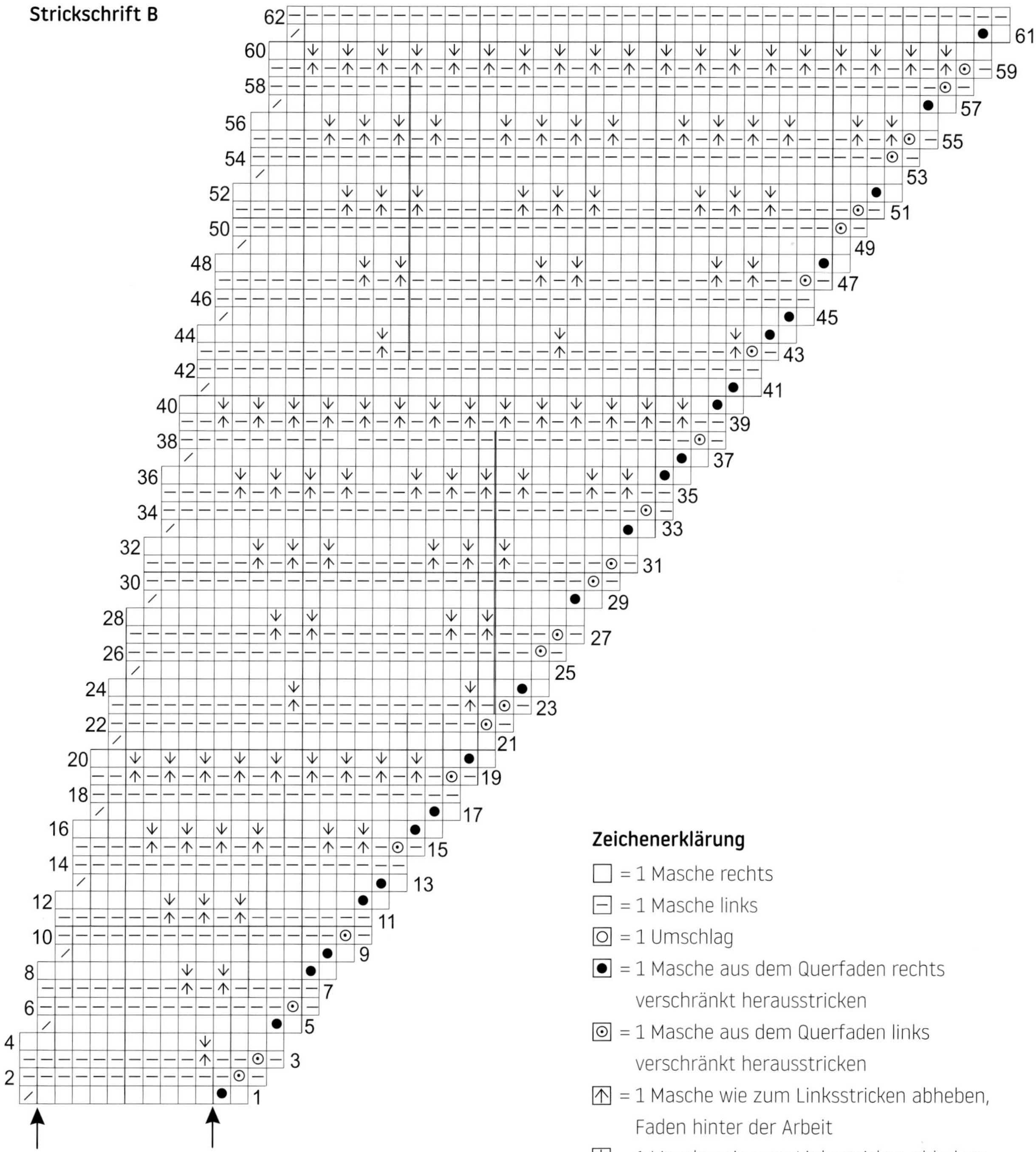

Zeichenerklärung

□ = 1 Masche rechts

⊟ = 1 Masche links

◎ = 1 Umschlag

● = 1 Masche aus dem Querfaden rechts verschränkt herausstricken

⊙ = 1 Masche aus dem Querfaden links verschränkt herausstricken

↑ = 1 Masche wie zum Linksstricken abheben, Faden hinter der Arbeit

↓ = 1 Masche wie zum Linksstricken abheben, Faden vor der Arbeit

⧄ = 2 Maschen rechts zusammenstricken

⧅ = 2 Maschen rechts überzogen zusammenstricken (= 1 Masche wie zum Rechtsstricken abheben, 1 Masche rechts stricken, dann die abgehobene Masche überziehen)

⋀ = 3 Maschen rechts zusammenstricken

Strickschrift C

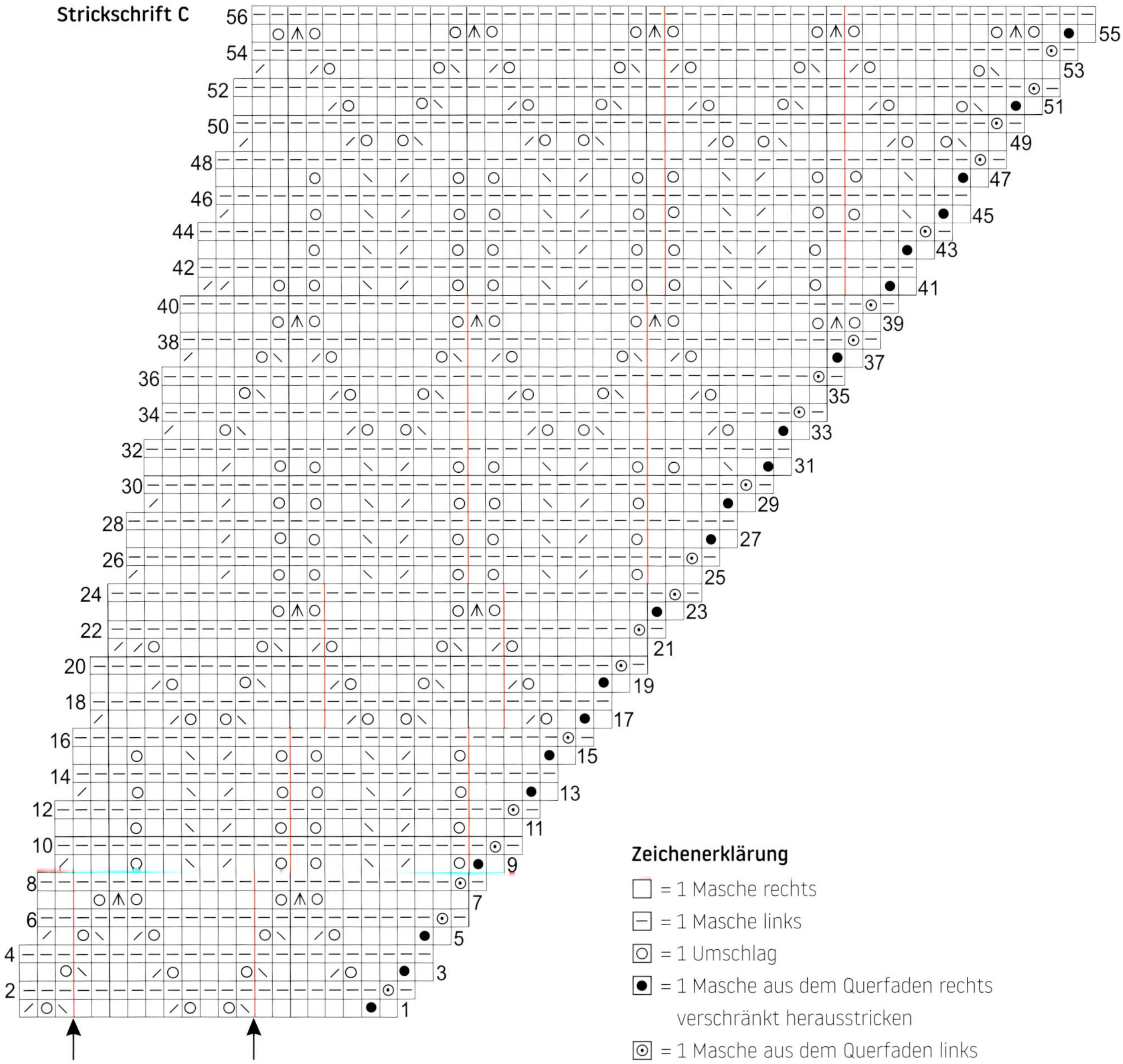

Zeichenerklärung

- ☐ = 1 Masche rechts
- ⊟ = 1 Masche links
- ◯ = 1 Umschlag
- ● = 1 Masche aus dem Querfaden rechts verschränkt herausstricken
- ⊙ = 1 Masche aus dem Querfaden links verschränkt herausstricken
- ↑ = 1 Masche wie zum Linksstricken abheben, Faden hinter der Arbeit
- ↓ = 1 Masche wie zum Linksstricken abheben, Faden vor der Arbeit
- ⁄ = 2 Maschen rechts zusammenstricken
- ╲ = 2 Maschen rechts überzogen zusammenstricken (= 1 Masche wie zum Rechtsstricken abheben, 1 Masche rechts stricken, dann die abgehobene Masche überziehen)
- ⋀ = 3 Maschen rechts zusammenstricken

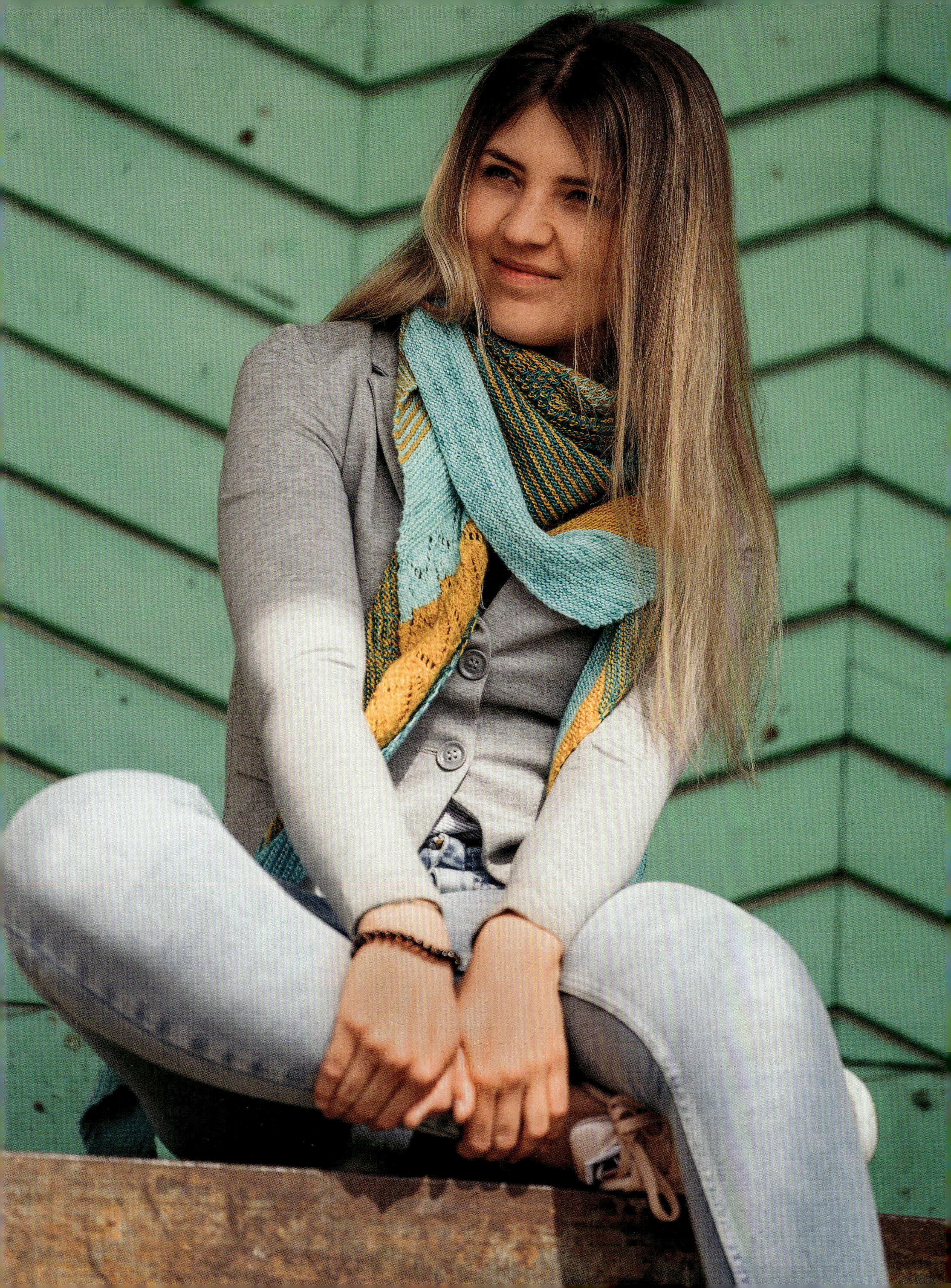

Strickschrift D

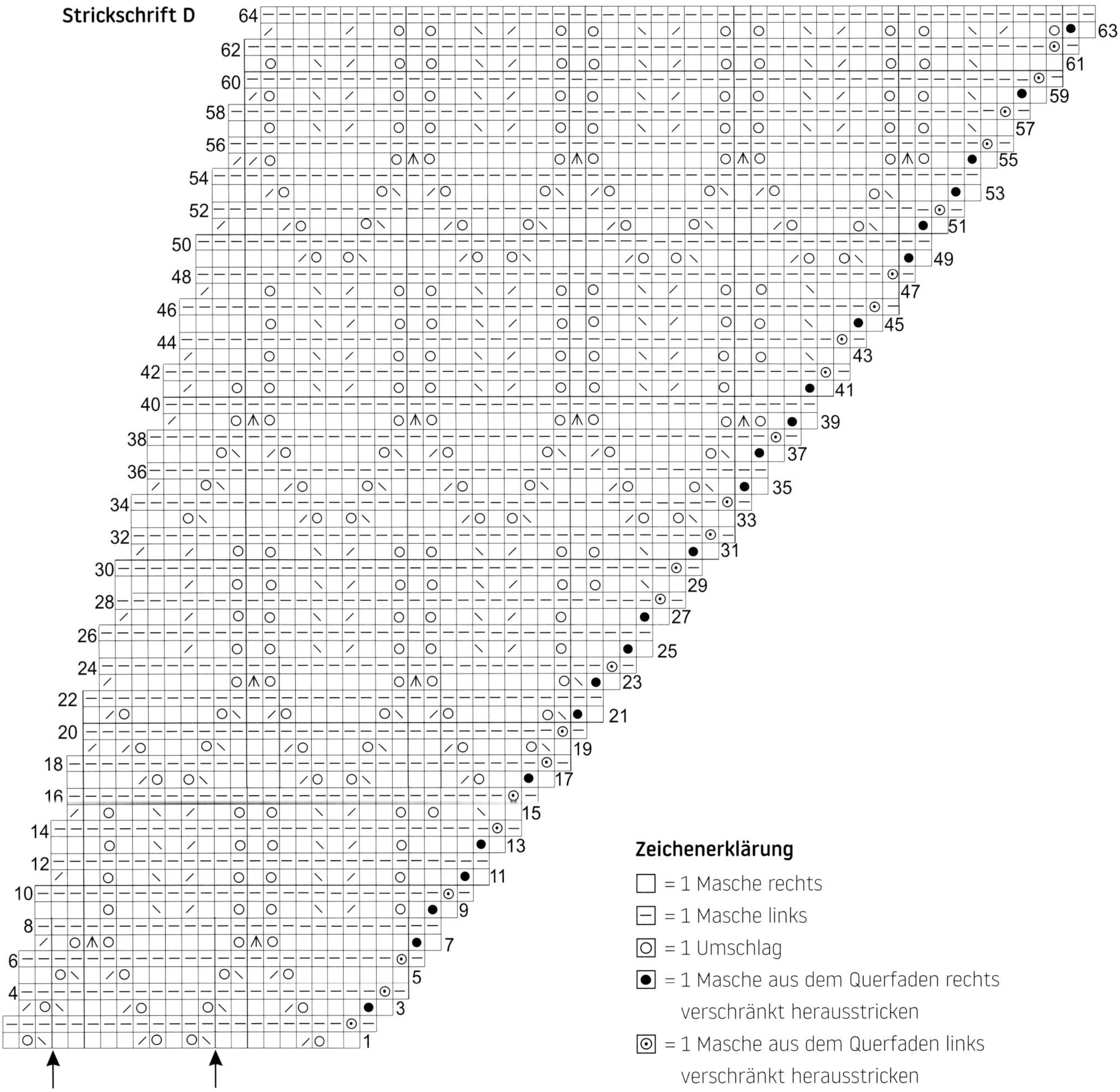

Zeichenerklärung

- ☐ = 1 Masche rechts
- ⊟ = 1 Masche links
- ◯ = 1 Umschlag
- ● = 1 Masche aus dem Querfaden rechts verschränkt herausstricken
- ⊙ = 1 Masche aus dem Querfaden links verschränkt herausstricken
- ↑ = 1 Masche wie zum Linksstricken abheben, Faden hinter der Arbeit
- ↓ = 1 Masche wie zum Linksstricken abheben, Faden vor der Arbeit
- ⁄ = 2 Maschen rechts zusammenstricken
- \ = 2 Maschen rechts überzogen zusammenstricken (= 1 Masche wie zum Rechtsstricken abheben, 1 Masche rechts stricken, dann die abgehobene Masche überziehen)
- ⋀ = 3 Maschen rechts zusammenstricken

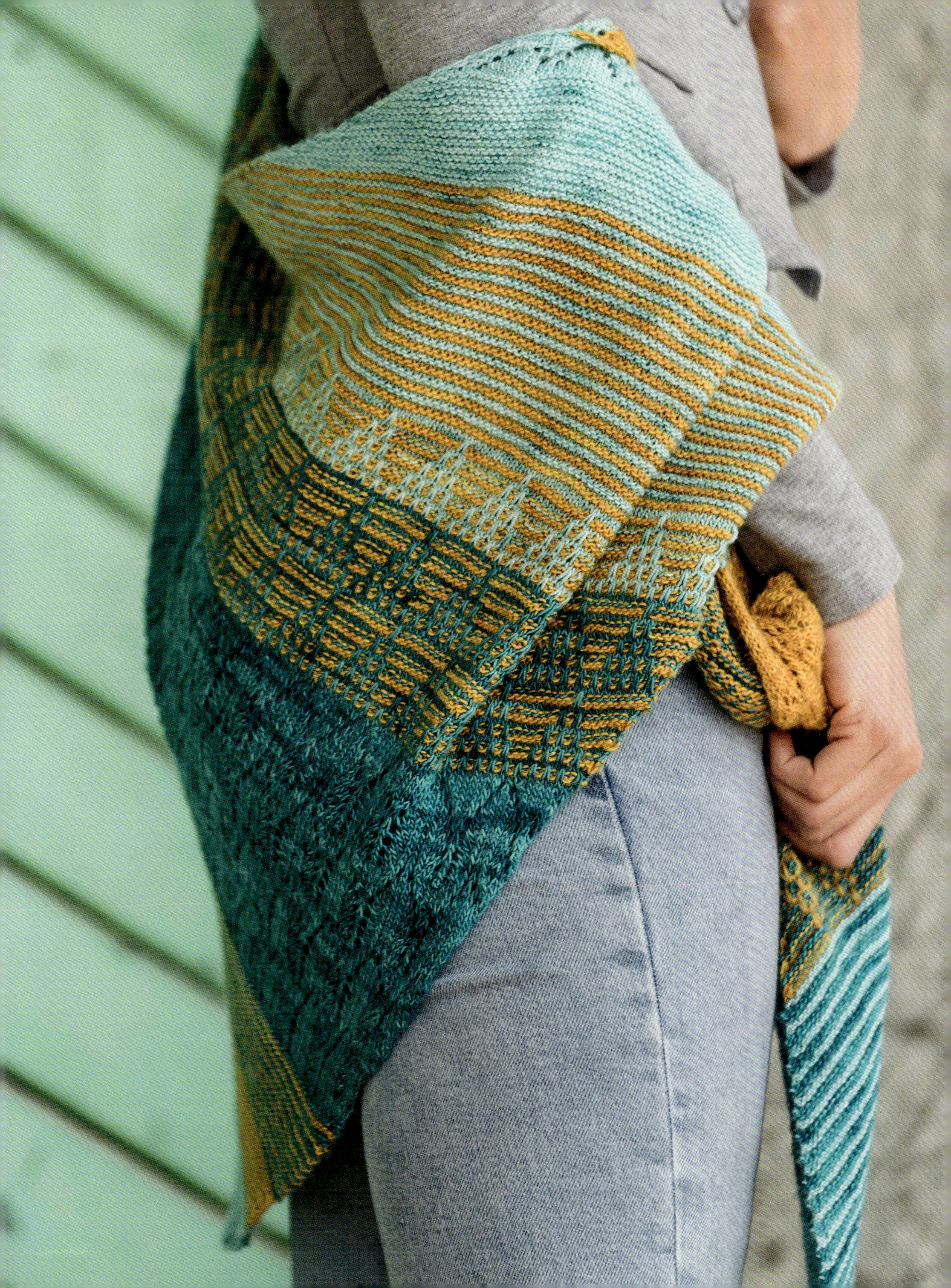

Wirbelwind

Halbrundes Tuch

GRÖSSE
56 x 300 cm

MATERIAL
Lana Grossa „Gomitolo Molto"
(60 % Schurwolle, 40 % Polyacryl,
Lauflänge ca. 700 m/200 g);
200 g Grau/Rosa/Braun (Fb 609)
1 Rundstricknadel Nr. 5

MUSTER
Kraus rechts
In Hin- und Rückreihen rechte Maschen stricken.

Ajourmuster A
Nach Strickschrift A arbeiten. Es sind die Hin- und Rückreihen gezeichnet. Die Maschen sind gezeichnet, wie sie gestrickt werden. Den gezeichneten Rapport zwischen den Randmaschen 4 x arbeiten. 1 x die 1.–22. Reihe arbeiten.

Ajourmuster B
Nach Strickschrift B arbeiten. Es sind die Hin- und Rückreihen gezeichnet. Die Maschen sind gezeichnet, wie sie gestrickt werden. Den gezeichneten Rapport zwischen den Randmaschen 4 x arbeiten. 1 x die 1.–22. Reihe arbeiten.

Ajourmuster C
Nach Strickschrift C arbeiten. Es sind die Hin- und Rückreihen gezeichnet. Die Maschen sind gezeichnet, wie sie gestrickt werden. Den gezeichneten Rapport zwischen den Randmaschen 4 x arbeiten. 1 x die 1.–22. Reihe arbeiten.

Ajourmuster D
Nach Strickschrift D arbeiten. Es sind die Hin- und Rückreihen gezeichnet. Die Maschen sind gezeichnet, wie sie gestrickt werden. Den gezeichneten Rapport zwischen den Randmaschen 8 x arbeiten. 1 x die 1.–22. Reihe arbeiten.

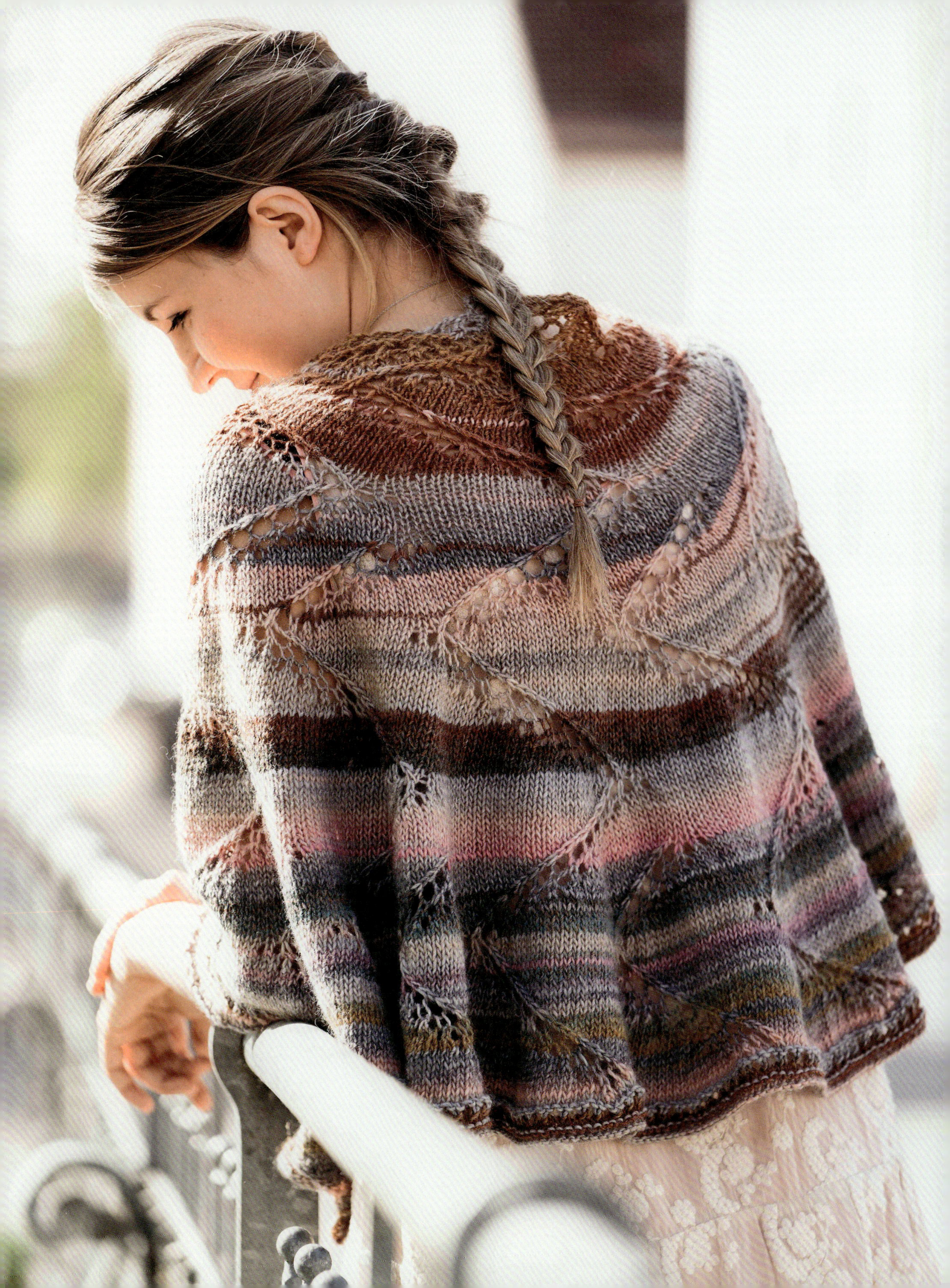

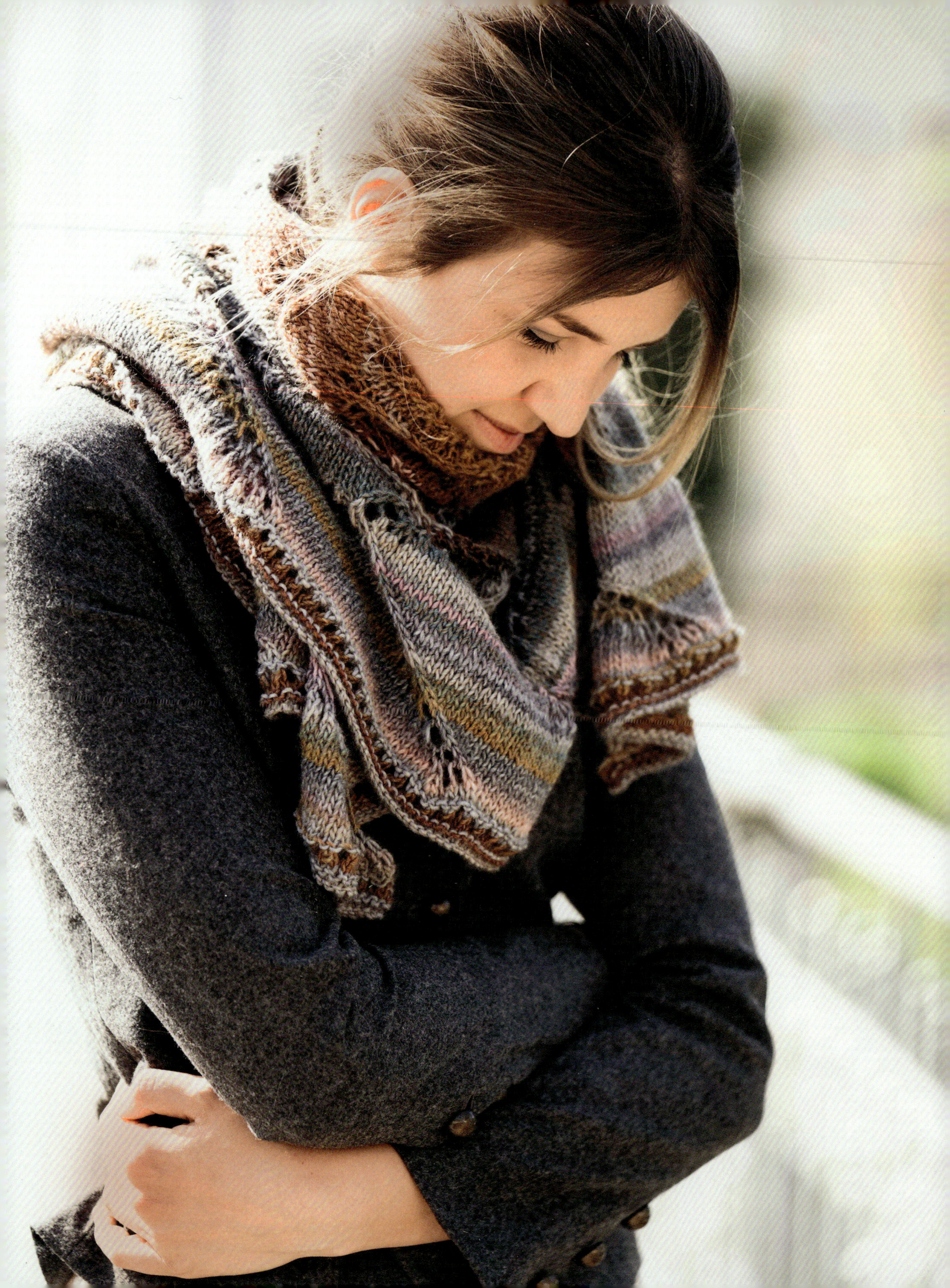

Ajourmuster E
Nach Strickschrift E arbeiten. Es sind die Hin- und Rückreihen gezeichnet. Die Maschen sind gezeichnet, wie sie gestrickt werden. Den gezeichneten Rapport zwischen den Randmaschen 8 x arbeiten. 1 x die 1.–22. Reihe arbeiten.

Ajourmuster F
Nach Strickschrift F arbeiten. Es sind die Hin- und Rückreihen gezeichnet. Die Maschen sind gezeichnet, wie sie gestrickt werden. Den gezeichneten Rapport zwischen den Randmaschen 16 x arbeiten. 1 x die 1.–22. Reihe arbeiten.

Lochreihe
1. Reihe = Hinreihe: Randmasche, * 1 Umschlag, 2 Maschen rechts zusammenstricken, ab * stets wiederholen, Randmasche.
2. Reihe = Rückreihe: Alle Maschen und Umschläge links stricken.

Musterfolge
Je 22 Reihen Ajourmuster A, B, C, D, E und F, 2 Reihen kraus rechts, 2 Lochreihen, 3 Reihen kraus rechts = 139 Reihen.

MASCHENPROBE
Glatt rechts: 15 Maschen und 26 Reihen = 10 x 10 cm

ANLEITUNG
6 Maschen mit Nadeln Nr. 5 anschlagen und 1 Rückreihe rechts stricken. Dann in der Musterfolge arbeiten, durch die Zunahmen laut Strickschriften sind nach 132 Reihen 562 Maschen auf der Nadel. Nach der Musterfolge alle Maschen rechts abketten.

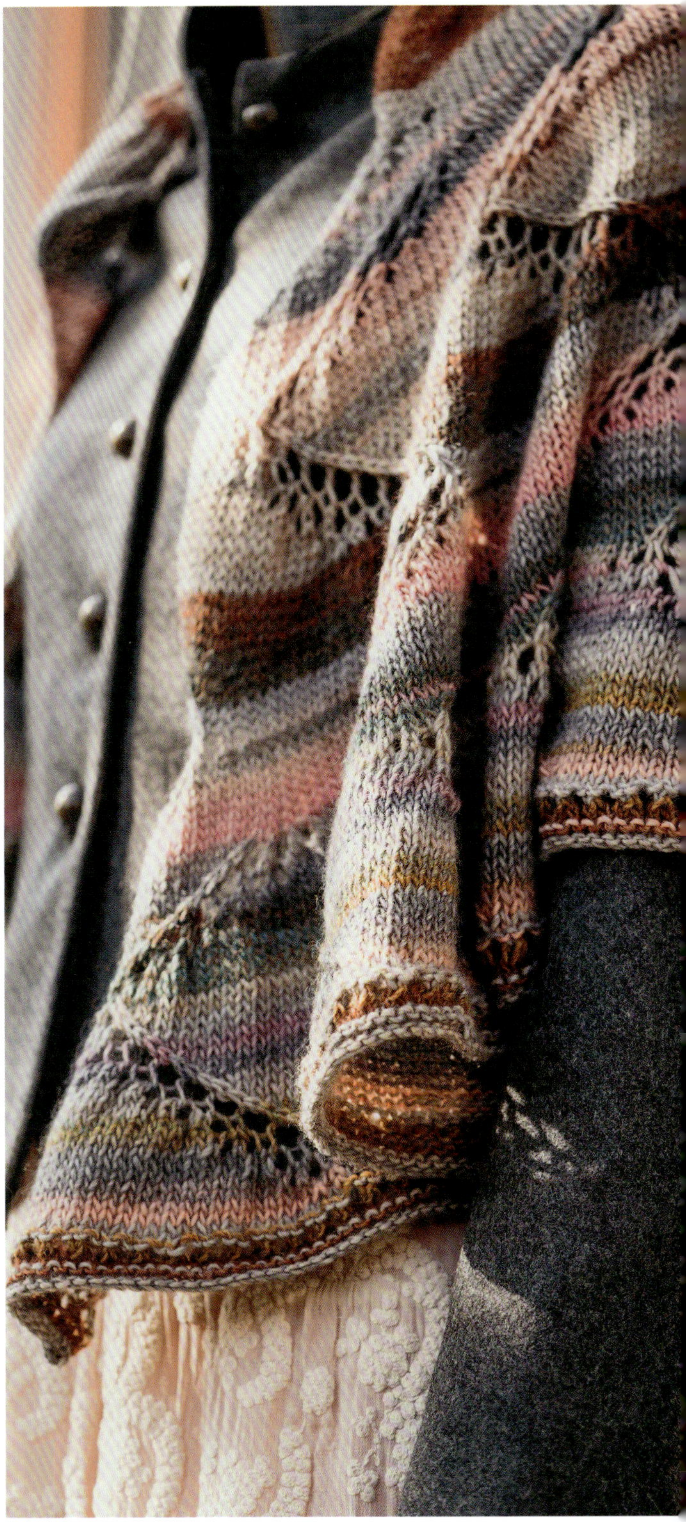

Strickschrift A

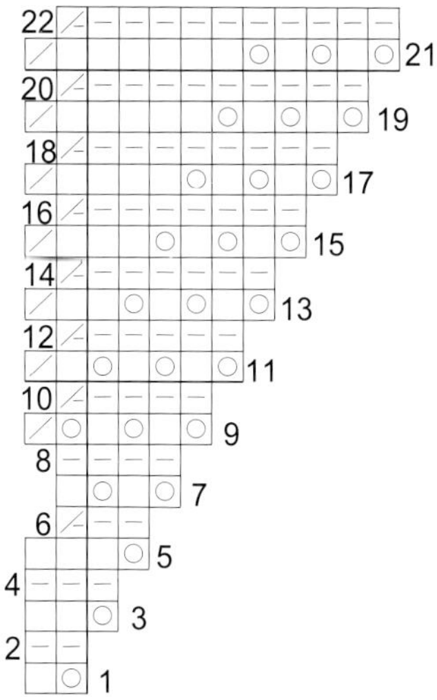

Strickschrift B

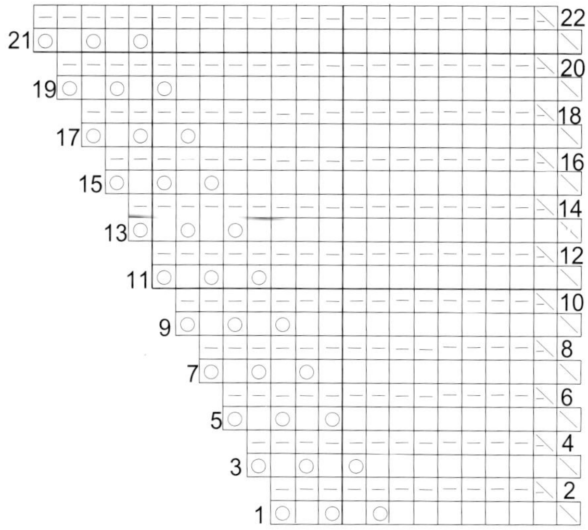

Strickschrift C

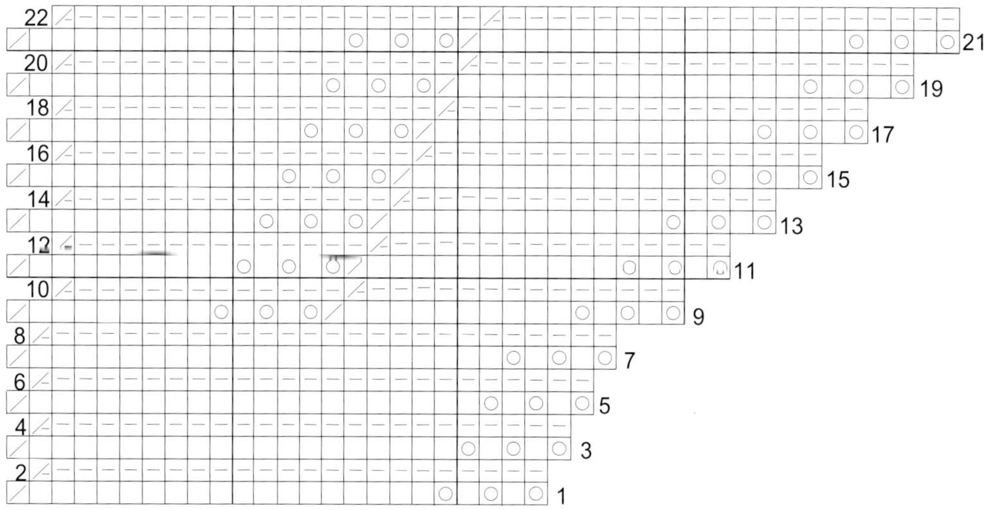

Zeichenerklärung

- □ = 1 Masche rechts
- ⊟ = 1 Masche links
- ⊙ = 1 Umschlag
- ⧄ = 2 Maschen rechts zusammenstricken
- ⧅ = 2 Maschen rechts überzogen zusammenstricken (= 1 Masche wie zum Rechtsstricken abheben, 1 Masche rechts stricken, dann die abgehobene Masche überziehen)
- ⧄ = 2 Maschen links zusammenstricken
- ⧅ = 2 Maschen links verschränkt zusammenstricken

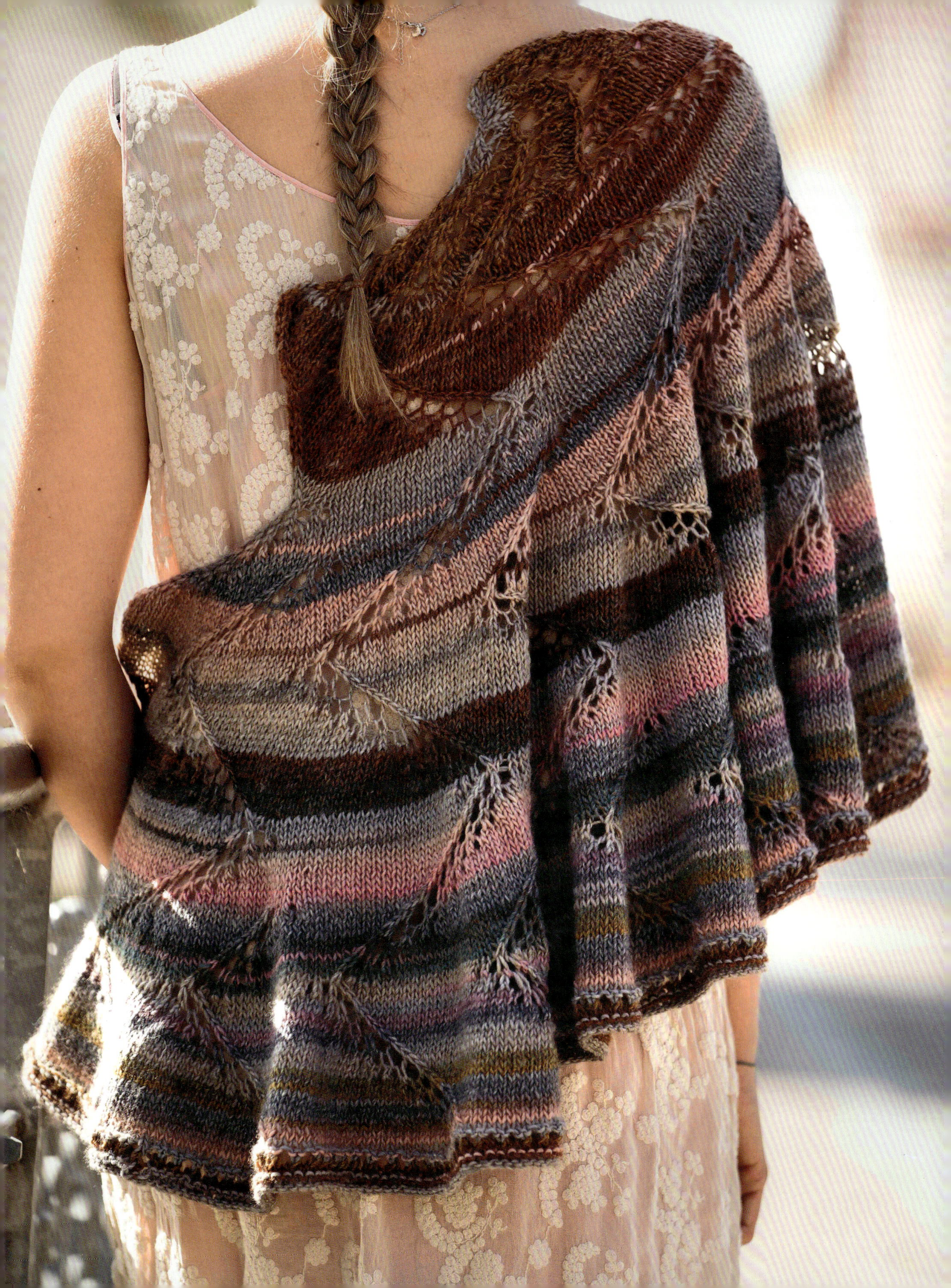

Strickschrift D

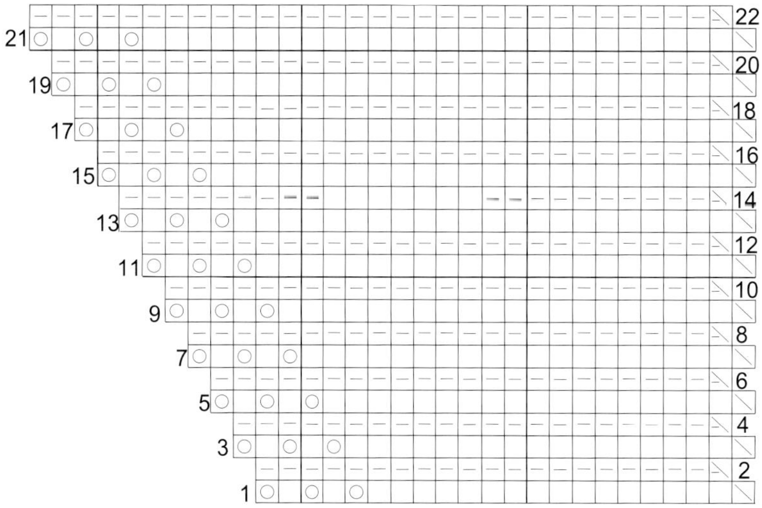

Strickschrift E

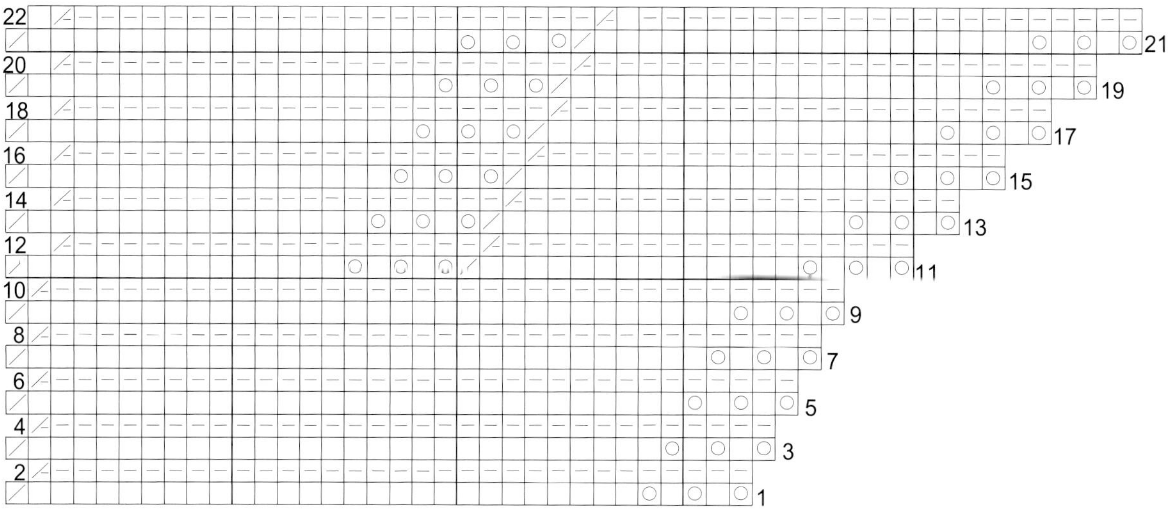

Zeichenerklärung

□ = 1 Masche rechts

⊟ = 1 Masche links

⊙ = 1 Umschlag

⧄ = 2 Maschen rechts zusammenstricken

⧅ = 2 Maschen rechts überzogen zusammenstricken (= 1 Masche wie zum Rechtsstricken abheben, 1 Masche rechts stricken, dann die abgehobene Masche überziehen)

⧄ = 2 Maschen links zusammenstricken

⧅ = 2 Maschen links verschränkt zusammenstricken

Strickschrift F

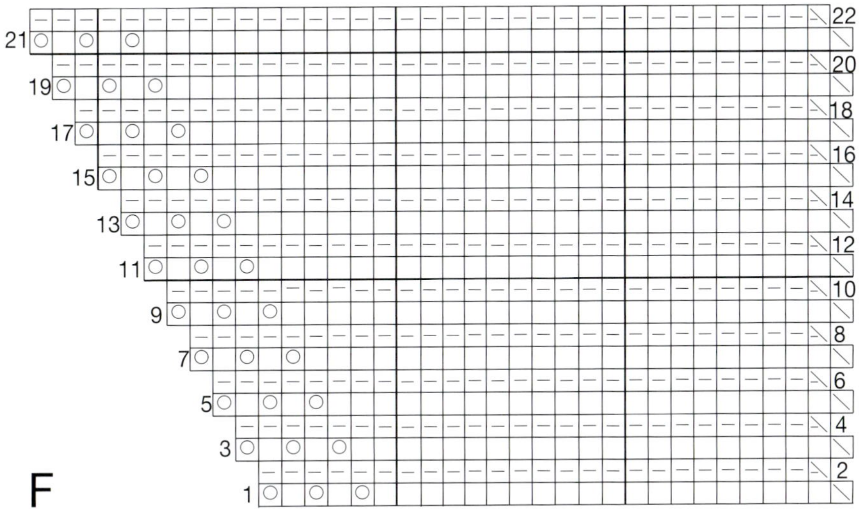

F

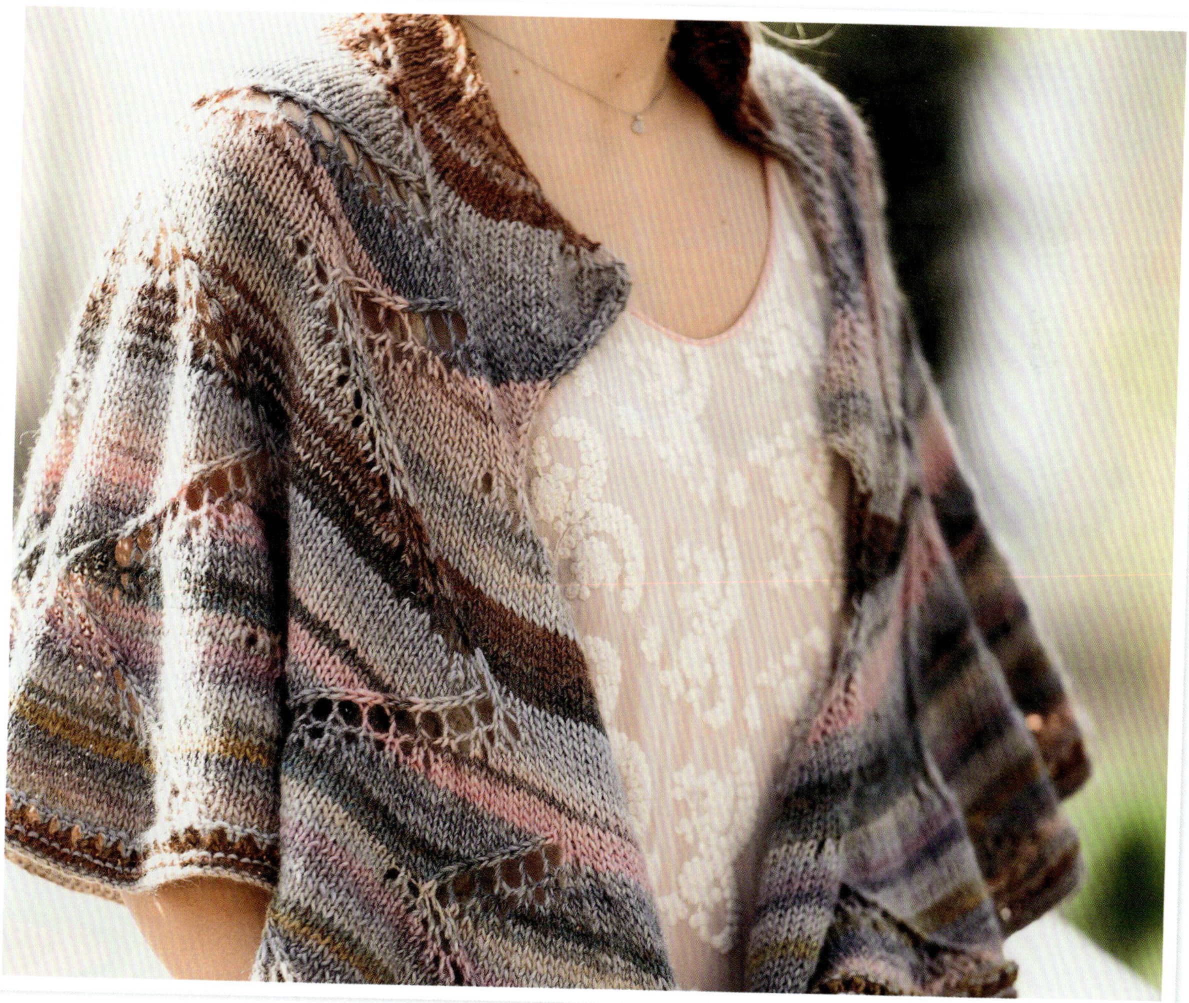

Auf Zack

Großes Schultertuch

GRÖSSE
79 x 275 cm

MATERIAL
Buttinette „Woll Butt Primo Madeleine 150“ (100 % Schurwolle, Lauflänge ca. 150 m/50 g): je 250 g Bordeaux (Fb 52.381.47) und Beere Color (Fb 52.270.09)
1 Rundstricknadel Nr. 3,5

MUSTER
Glatt rechts
In Hinreihen rechte, in Rückreihen linke Maschen stricken.

Glatt links
In Hinreihen linke, in Rückreihen rechte Maschen stricken.

Kraus rechts
In Hin- und Rückreihen rechte Maschen stricken.

Ajourmuster
Nach Strickschrift arbeiten. Es sind die Hin- und Rückreihen gezeichnet. Die Maschen sind gezeichnet, wie sie gestrickt werden. Die einzelnen Farbflächen mit separaten Knäueln stricken und beim Farbwechsel die Fäden auf der Rückseite der Arbeit miteinander verkreuzen. 1 x die 1.–22. Reihe arbeiten, danach wechselt die Richtung der Löcher wieder. Die fortlaufenden Reihen ebenso arbeiten, jedoch die Richtung der Löcher erst nach jeweils 12 weiteren Reihen ändern: in den folgenden 12 Reihen die Löcher nach links versetzen, in den folgenden 24 Reihen die Löcher nach rechts versetzen, danach in den folgenden 36 Reihen die Löcher wieder nach links versetzen, in den folgenden 48 Reihen die Löcher wieder nach rechts versetzen und dann in den folgenden 60 Reihen die Löcher wieder nach links versetzen.

Betonte Zunahmen (in Hin- und Rückreihen)
Am rechten Rand: Randmasche und 2 Maschen kraus rechts, 1 Umschlag.
Am linken Rand: Bis zu den letzten 3 Maschen mustergemäß stricken, 1 Umschlag, 2 Maschen und Randmasche kraus rechts.

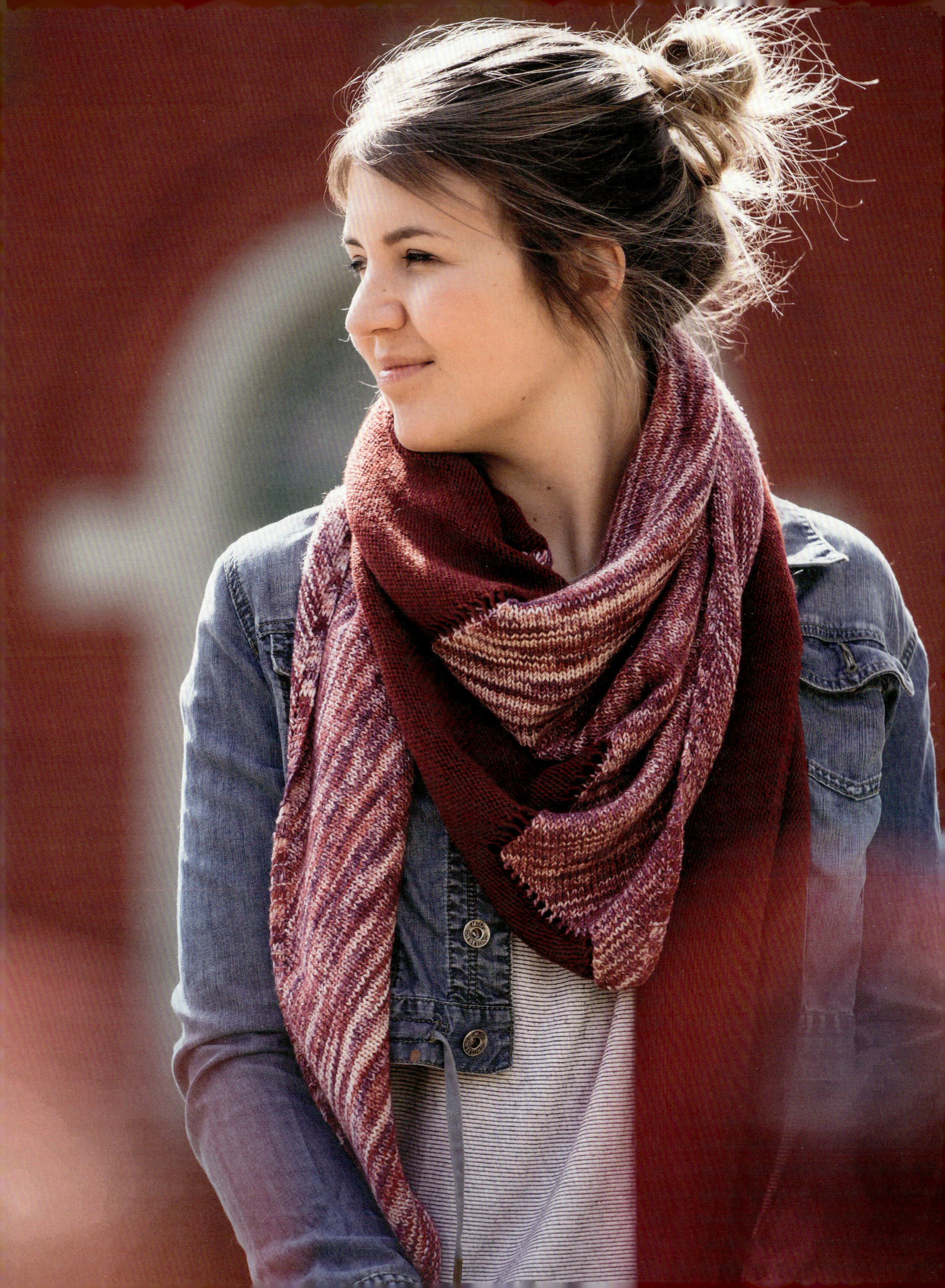

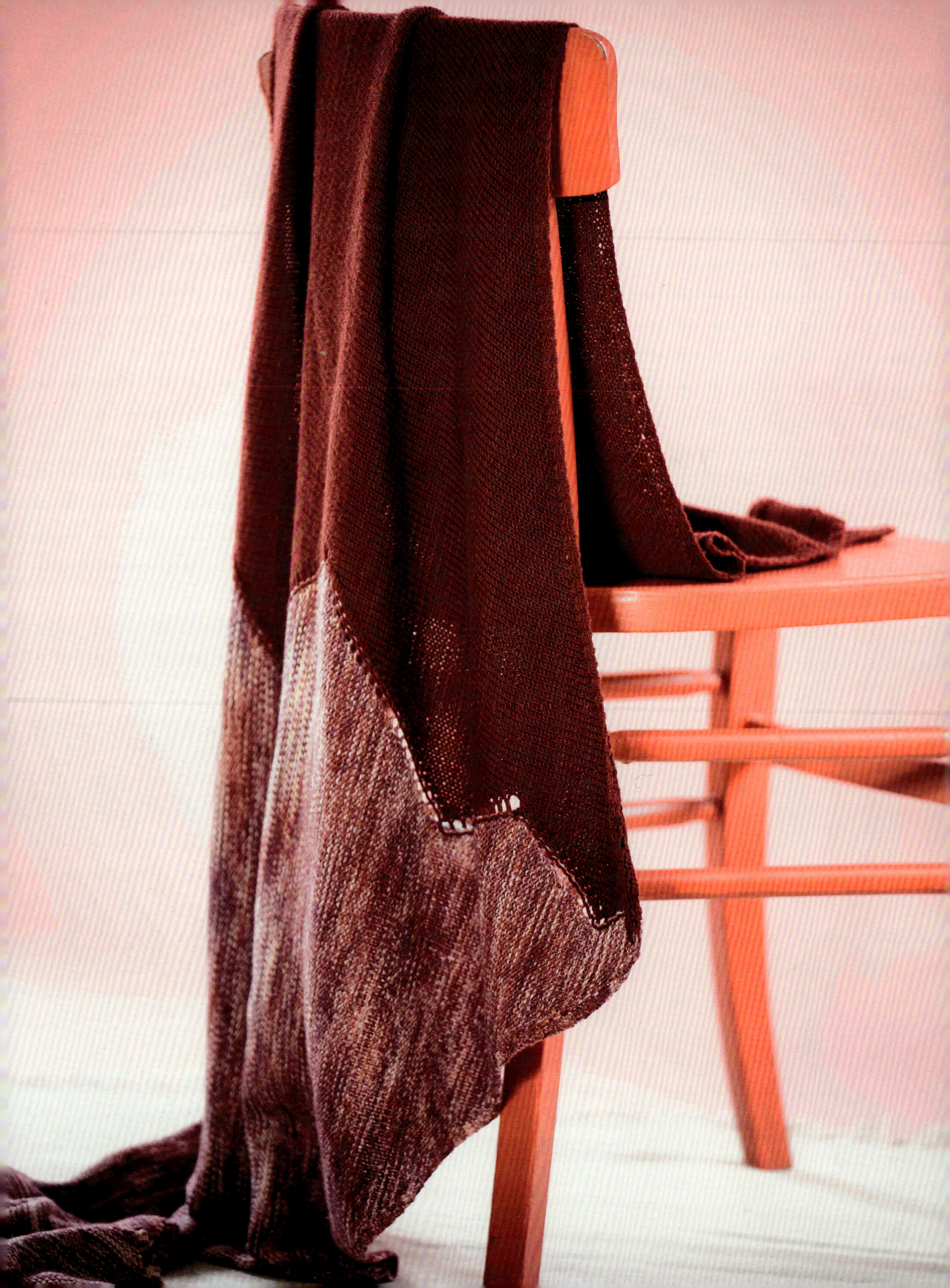

MASCHENPROBE

Glatt rechts bzw. glatt links: 20 Maschen und 31 Reihen = 10 x 10 cm

ANLEITUNG

3 Maschen mit Nadeln Nr. 3,5 in Bordeaux anschlagen und 1 Rückreihe rechts stricken. Dann im Ajourmuster stricken, dabei in jeder Reihe beidseitig, wie eingezeichnet bzw. wie in den betonten Zunahmen beschrieben, je 1 Masche betont zunehmen. In ca. 79 cm Gesamthöhe alle Maschen abketten, zuvor die letzten 6 Reihen über alle Maschen kraus rechts stricken, dabei die Farbeinteilung beibehalten.

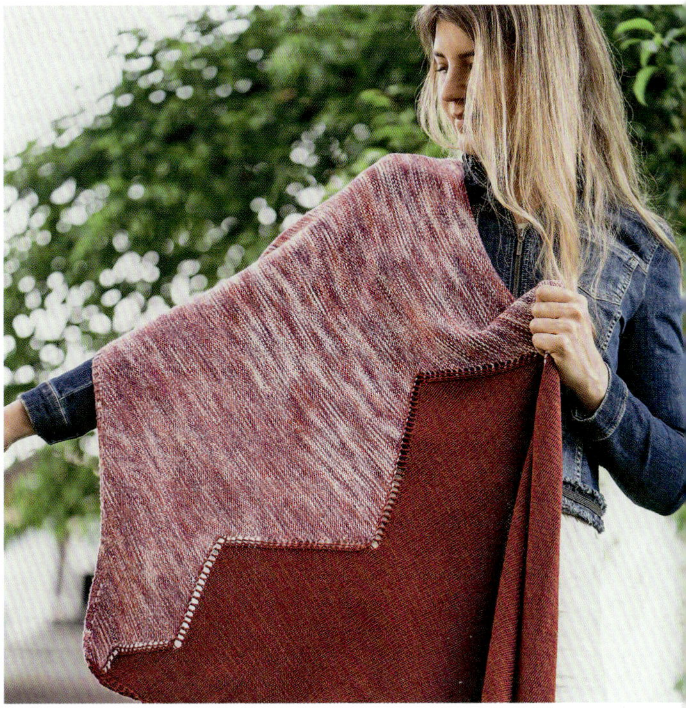

Strickschrift

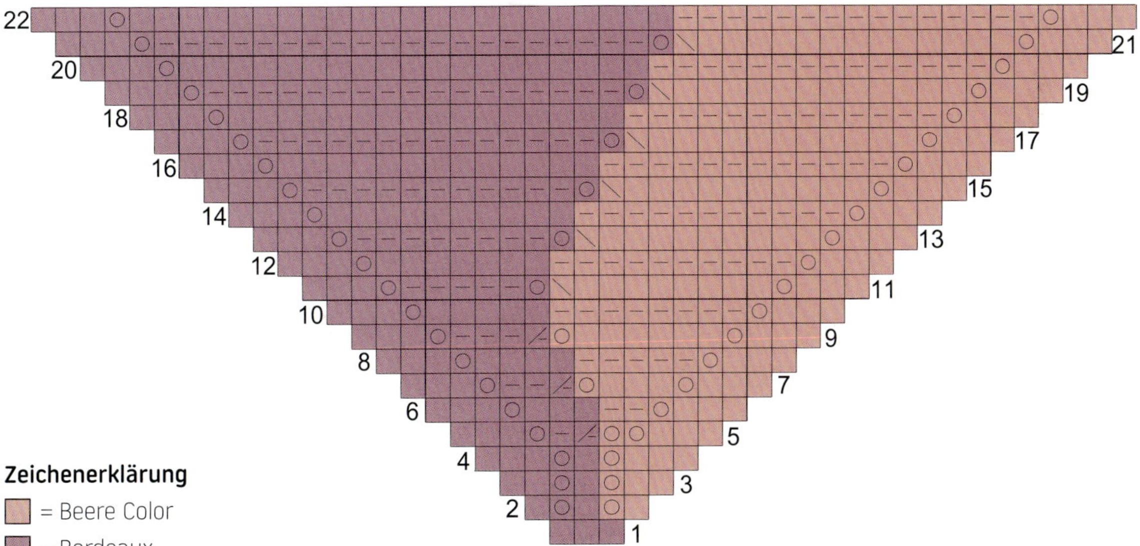

Zeichenerklärung

- = Beere Color
- = Bordeaux
- = 1 Masche rechts
- = 1 Masche links
- = 1 Umschlag
- = 2 Maschen links zusammenstricken
- = 2 Maschen rechts überzogen zusammenstricken (= 1 Masche wie zum Rechtsstricken abheben, 1 Masche rechts stricken, dann die abgehobene Masche überziehen)

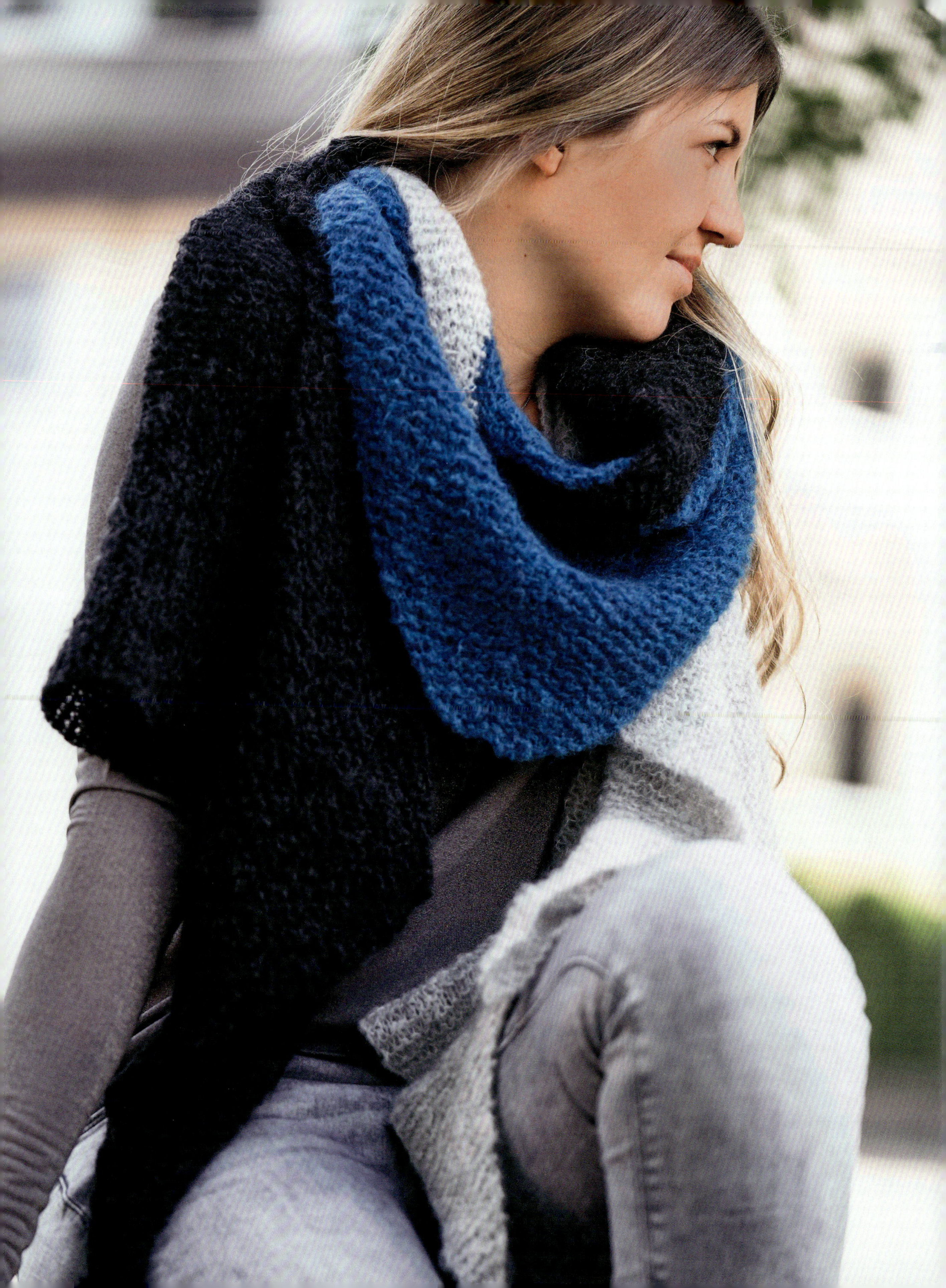

Ein Hauch von Nichts

Schal

GRÖSSE
44 x 200 cm

MATERIAL
Lana Grossa „Nuvoletta" (42 % Alpaka, 42 % Schurwolle, 16 % Polyamid, Lauflänge ca. 250 m/50 g): 50 g Stahlblau (Fb 8), je 100 g Schwarz (Fb 16) und Hellgrau (Fb 14)
1 Rundstricknadel Nr. 5
Maschenmarkierer

MUSTER
Kraus rechts
In Hin- und Rückreihen rechte Maschen stricken.

Verkürzte Reihen mit Doppelmasche
Nach dem Wenden am Anfang der Reihe den Faden vor die Arbeit legen, von rechts in die 1. Masche der linken Nadel einstechen, die Maschen und den Faden zusammen abheben. Danach den Faden fest über die rechte Nadel nach hinten ziehen. Dadurch wird die Masche über die Nadel gezogen und liegt doppelt. In der folgenden Reihe beide Maschenteile zusammen erfassen und mustergemäß rechts stricken.

Betonte Zunahmen
Am rechten Rand: Randmasche kraus rechts, 1 Masche aus dem Querfaden rechts verschränkt herausstricken.
Am linken Rand: Bis zur letzten Masche mustergemäß stricken. 1 Masche aus dem Querfaden rechts verschränkt herausstricken, Randmasche kraus rechts.

Betonte Abnahmen
Am rechten Rand: Randmasche und die folgende Masche rechts zusammenstricken.
Am linken Rand: Bis zu den letzten 2 Maschen mustergemäß stricken. 1 Masche und Randmasche rechts zusammenstricken.

MASCHENPROBE
Kraus rechts: 13 Maschen und 28 Reihen = 10 x 10 cm

ANLEITUNG

Das Tuch besteht aus 3 Dreiecken. Mit dem **mittleren Dreieck** beginnen: 5 Maschen mit Nadeln Nr. 5 in Stahlblau anschlagen und 1 Rückreihe rechts stricken. Die Mittelmasche markieren. Kraus rechts stricken, dabei 28 x in jeder 4. Reihe = Hinreihe beidseitig je 1 Masche betont zunehmen und beidseits der Mittelmasche je 1 Masche aus dem Querfaden rechts verschränkt herausstricken = 117 Maschen. In der letzten Rückreihe die Mittelmasche abketten = 58 Maschen pro Seitenhälfte. Maschen stilllegen.

Nun mit dem **linken äußeren Dreieck** weiterarbeiten, dafür über die 1. stillgelegte Masche neben der Mittelmasche in Schwarz weiterarbeiten und 57 x in jeder Hinreihe am linken Rand über je 1 stillgelegte Masche mehr arbeiten, dabei beim Wenden je 1 Doppelmasche arbeiten = 58 Maschen. Dann 57 x in jeder Hinreihe am linken Rand je 1 Masche mit 1 Doppelmasche stilllegen = 1 Masche. Danach wieder 57 x in jeder Hinreihe am linken Rand über je 1 stillgelegte Masche mehr arbeiten = 58 Maschen. Nun 57 x in jeder Hinreihe am linken Rand je 1 Masche betont abnehmen = 1 Masche. Faden abschneiden und durchziehen.

Nun mit dem **rechten äußeren Dreieck** weiterarbeiten, dafür über die letzte stillgelegte Masche neben der Mittelmasche in Hellgrau weiterarbeiten und 57 x in jeder Rückreihe am linken Rand über je 1 stillgelegte Masche mehr arbeiten, dabei beim Wenden je 1 Doppelmasche arbeiten = 58 Maschen. Dann 57 x in jeder Rückreihe am linken Rand je 1 Masche mit 1 Doppelmasche stilllegen = 1 Masche. Danach wieder 57 x in jeder Rückreihe am linken Rand über je 1 stillgelegte Masche mehr arbeiten = 58 Maschen. Nun 57 x in jeder Hinreihe am rechten Rand je 1 Masche betont abnehmen = 1 Masche. Faden abschneiden und durchziehen.

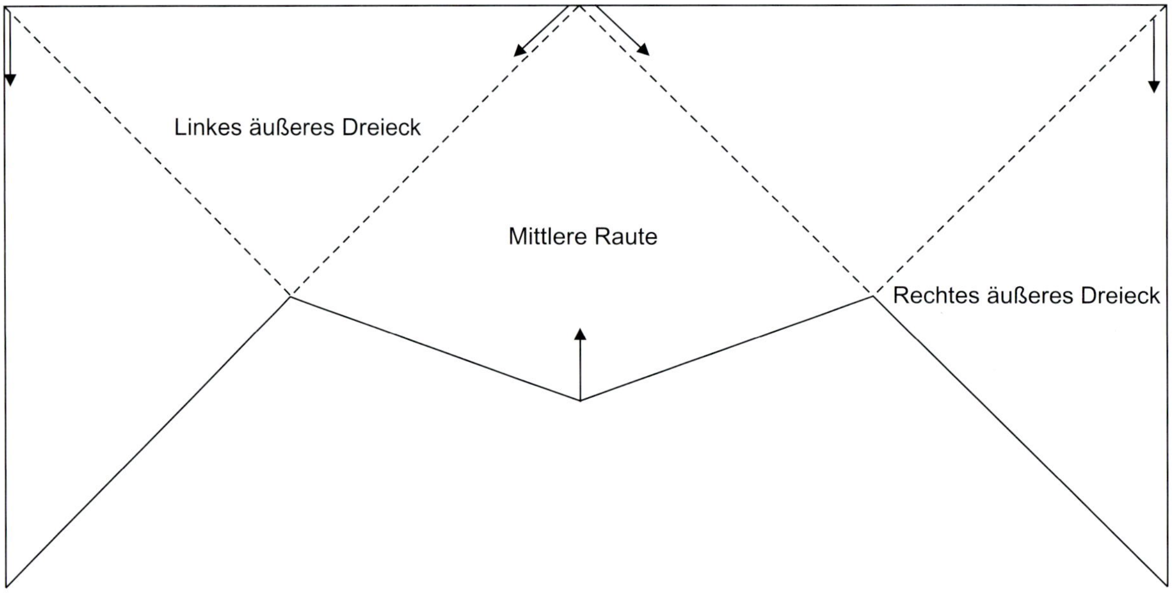

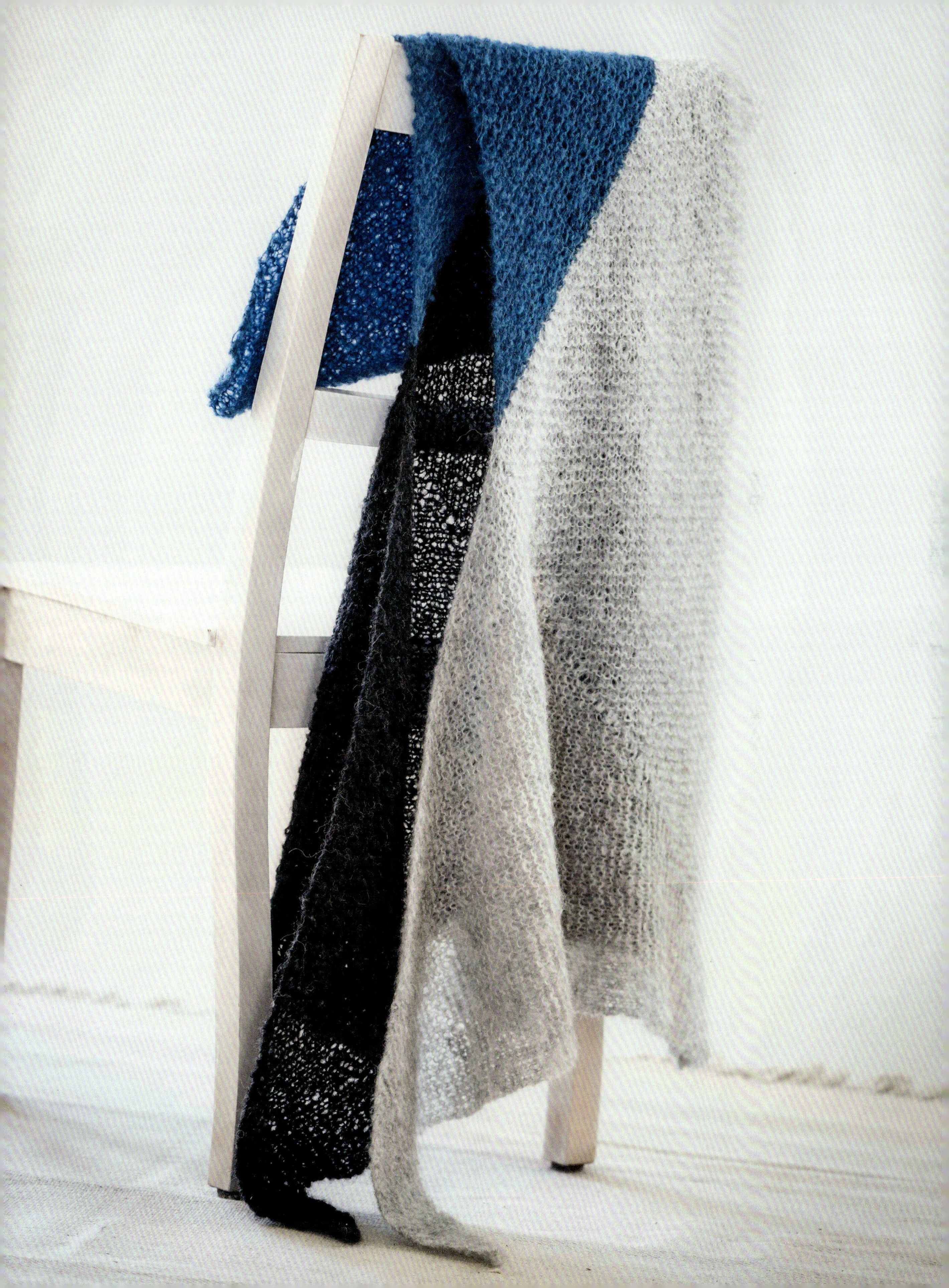

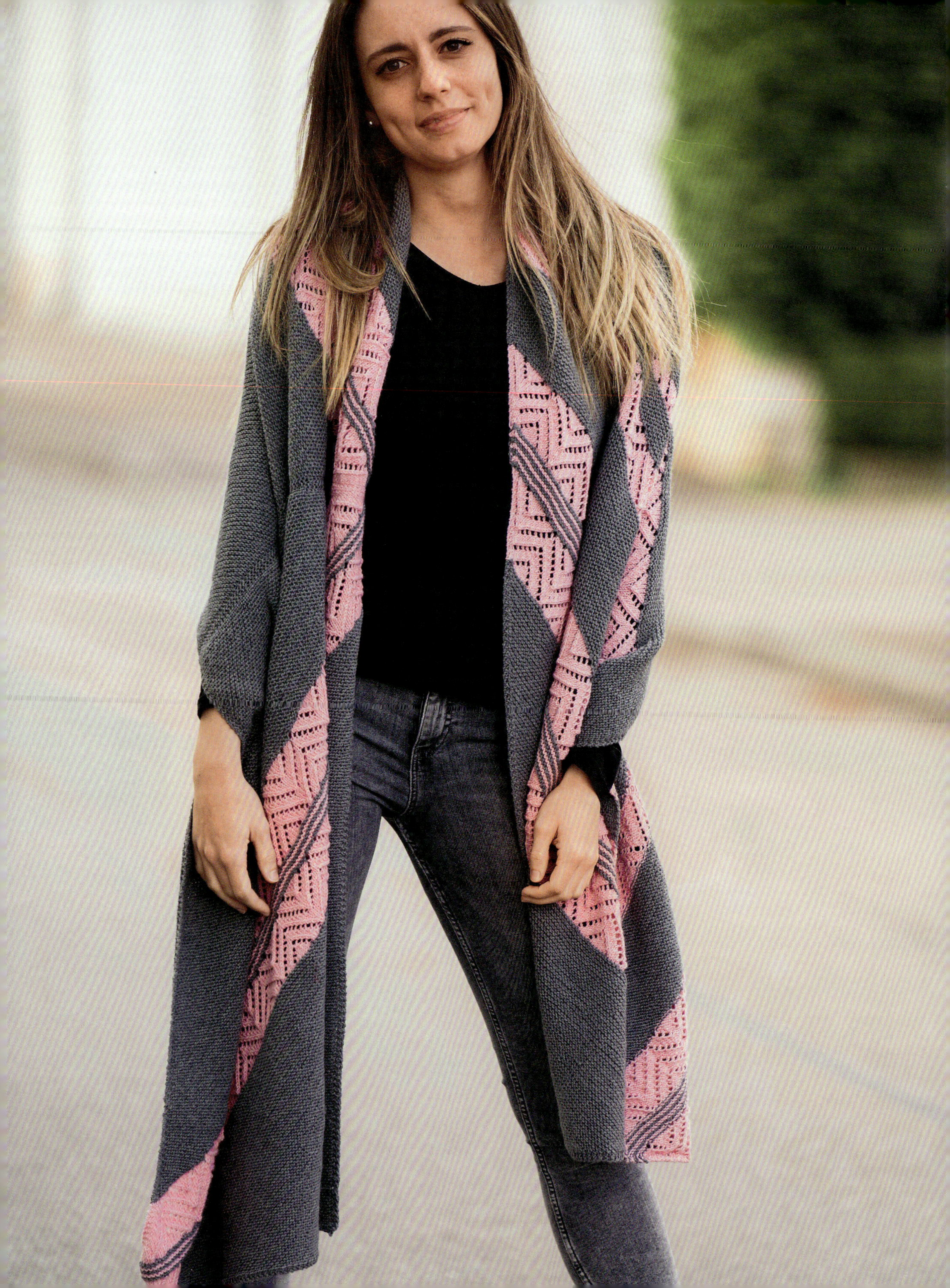

Rosige Zeiten

Stola

GRÖSSE

66 x 207 cm

MATERIAL

Austermann „Merino 160" (100 % Schurwolle, Lauflänge ca. 160 m/50 g): 700 g Grau (Fb 229) und 300 g Azalee (Fb 261)
1 Rundstricknadel Nr. 3,5

MUSTER

Kraus rechts
In Hin- und Rückreihen rechte Maschen stricken.

Glatt rechts
In Hinreihen rechte, in Rückreihen linke Maschen stricken.

Ajourmuster A, B und C
Maschenzahl teilbar durch 16. Nach Strickschrift A, B und C arbeiten. Es sind nur die Hinreihen gezeichnet, in den Rückreihen alle Maschen und Umschläge links stricken. Ajourmuster A: Den Rapport von 16 Maschen zwischen den Pfeilen stets wiederholen. Ajourmuster B und C: Mit den Maschen vor dem Rapport beginnen, den Rapport von 16 Maschen zwischen den Pfeilen stets wiederholen und mit den Maschen nach dem Rapport enden. 1 x die 1.–24. Reihe arbeiten.

Streifenfolge
2 Reihen Grau, 2 Reihen Azalee im Wechsel stricken.

Muster- und Streifenfolge
24 Reihen Ajourmuster C in Azalee, 48 Reihen kraus rechts in Grau, 16 Reihen Ajourmuster C in Azalee, 16 Reihen kraus rechts in Grau, 8 Reihen Ajourmuster C in Azalee, 16 Reihen kraus rechts in Grau, 16 Reihen Ajourmuster C in Azalee, 48 Reihen kraus rechts in Grau, 24 Reihen Ajourmuster C in Azalee.

Betonte Zunahmen
Rechter Rand: Randmasche und 1 Masche kraus rechts, 1 Maschen aus dem Querfaden rechts verschränkt herausstricken.
Linker Rand: Bis zu den letzten 2 Maschen arbeiten, 1 Maschen aus dem Querfaden rechts verschränkt herausstricken, 1 Masche und Randmasche kraus rechts.

In der folgenden Rückreihe die herausgestrickten Maschen rechts stricken.

Betonte Abnahmen
Rechter Rand: Randmasche kraus rechts, 2 Maschen rechts zusammenstricken.
Linker Rand: Bis zu den letzten 2 Maschen arbeiten, 2 Maschen rechts überzogen zusammenstricken (= 1 Masche wie zum Rechtsstricken abheben, 1 Masche rechts stricken, dann die abgehobene Masche überziehen).
In der folgenden Rückreihe die zusammengestrickten Maschen rechts stricken.

MASCHENPROBEN

Kraus rechts: 24 Maschen und 48 Reihen = 10 x 10 cm
Ajourmuster: 21,5 Maschen und 40 Reihen = 10 x 10 cm

ANLEITUNG

1. Dreieck: 10 Maschen mit Nadeln Nr. 3,5 in Grau anschlagen und 1 Rückreihe rechts stricken. Kraus rechts arbeiten, dabei zur Formgebung 95 x in jeder Hinreihe beidseitig je 1 Masche betont zunehmen und **gleichzeitig** beidseits der mittleren 2 Maschen je 1 Masche aus dem Querfaden rechts verschränkt herausstricken. Über die zugenommenen Maschen ebenfalls kraus rechts arbeiten. Dies entspricht einer Zunahme von 4 Maschen pro Hinreihe bzw. jeder 2. Reihe = 390 Maschen. Nun 24 Reihen in Azalee weiterarbeiten und Maschen wie folgt einteilen: 2 Maschen kraus rechts, 192 Maschen Ajourmuster A, 2 Maschen glatt rechts = Mittelmaschen, 192 Maschen Ajourmuster A, 2 Maschen kraus rechts. Beidseitig die betonten Zunahmen und die mittleren Zunahmen fortsetzen = 438 Maschen.

Danach 10 Reihen kraus rechts in der Streifenfolge weiterarbeiten, dabei zur Formgebung 5 x in jeder Hinreihe beidseitig je 1 Masche und **gleichzeitig** beidseits der mittleren 2 Maschen je 1 Masche aus dem Querfaden rechts verschränkt herausstricken = 458 Maschen.

Für das **rechte Enddreieck** nur über die ersten 229 Maschen weiterarbeiten und die restlichen 229 Maschen stilllegen, dabei in der 1. Reihe die Randmasche am linken Rand verdoppeln = 230 Maschen. Nun 24 Reihen in Azalee arbeiten und Maschen wie folgt einteilen: 1 Masche kraus rechts, 2 Maschen betonte Abnahmen, 224 Maschen Ajourmuster B, 2 Maschen betonte Abnahme, Randmasche. Nun in jeder Hinreihe beidseitig die betonten Abnahmen arbeiten = 206 Maschen. Dann kraus rechts in Grau weiterarbeiten, dabei 101 x in jeder Hinreihe die betonten Abnahmen fortsetzen = 4 Maschen. Die restlichen 4 Maschen abketten.

Nun für das **Mittelstück** mit den stillgelegten 229 Maschen in der Muster- und Streifenfolge weiterarbeiten, dabei zur Formgebung in jeder Hinreihe am rechten Rand betonte Abnahmen und am linken Rand betonte Zunahmen arbeiten. Maschen stilllegen.

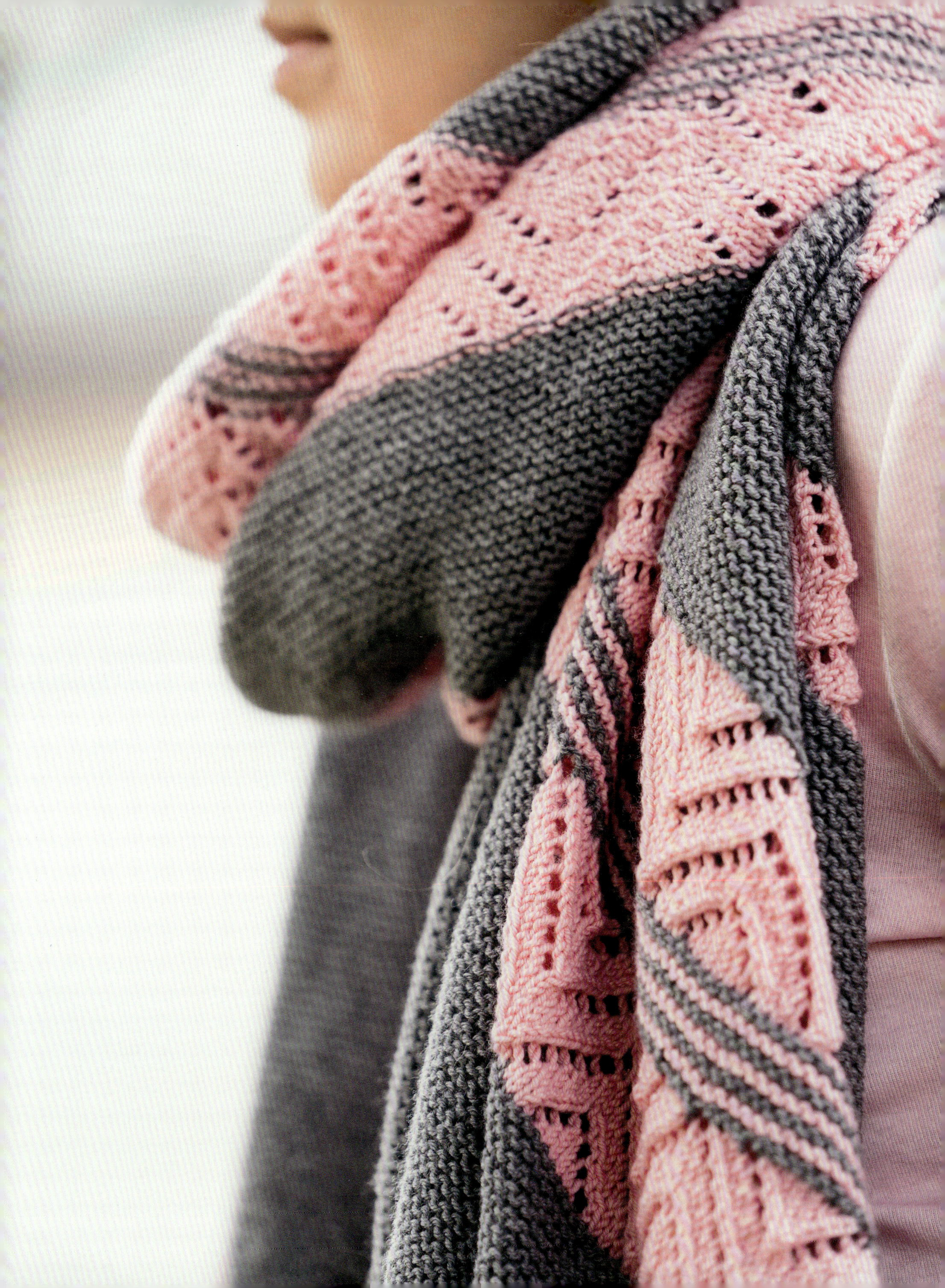

Strickschrift A

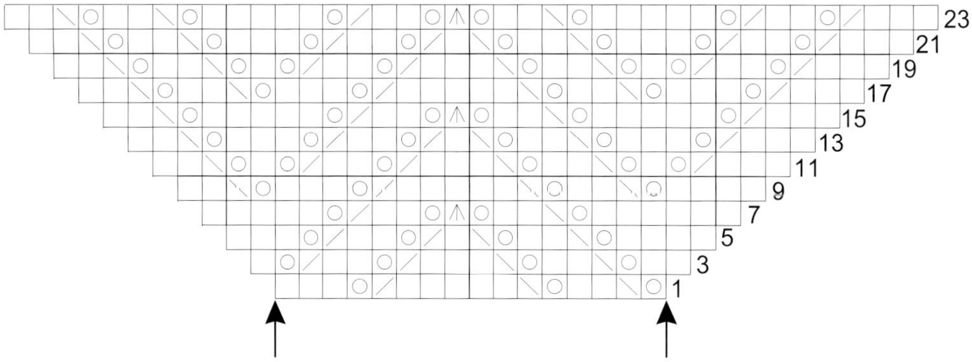

Strickschrift B

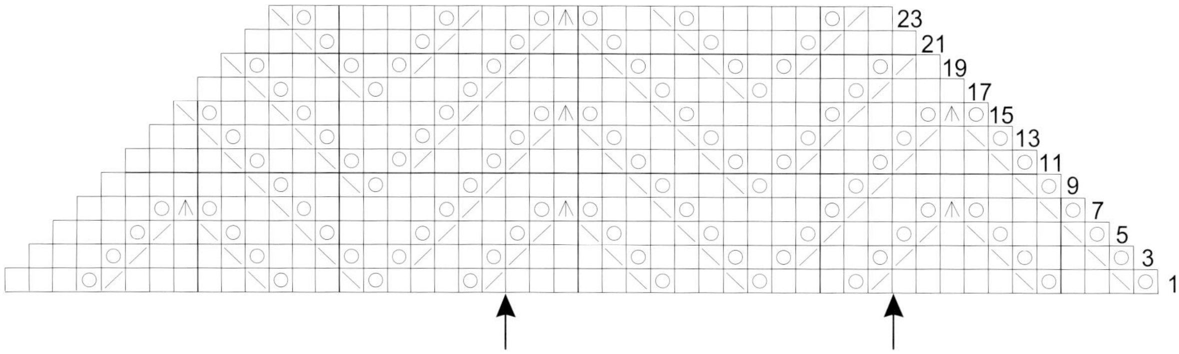

Strickschrift C

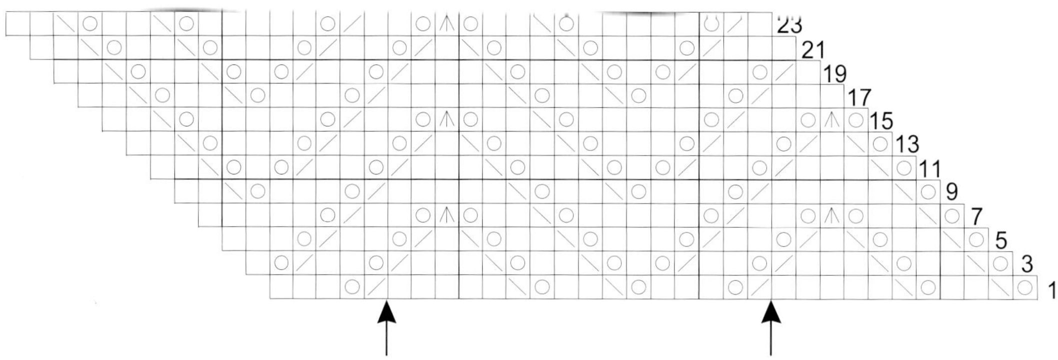

Zeichenerklärung

□ = 1 Masche rechts

◯ = 1 Umschlag

╱ = 2 Maschen rechts zusammenstricken

╲ = 2 Maschen rechts überzogen zusammenstricken (= 1 Masche wie zum Rechtsstricken abheben, 1 Masche rechts stricken, dann die abgehobene Masche überziehen)

⋀ = 3 Maschen rechts zusammenstricken

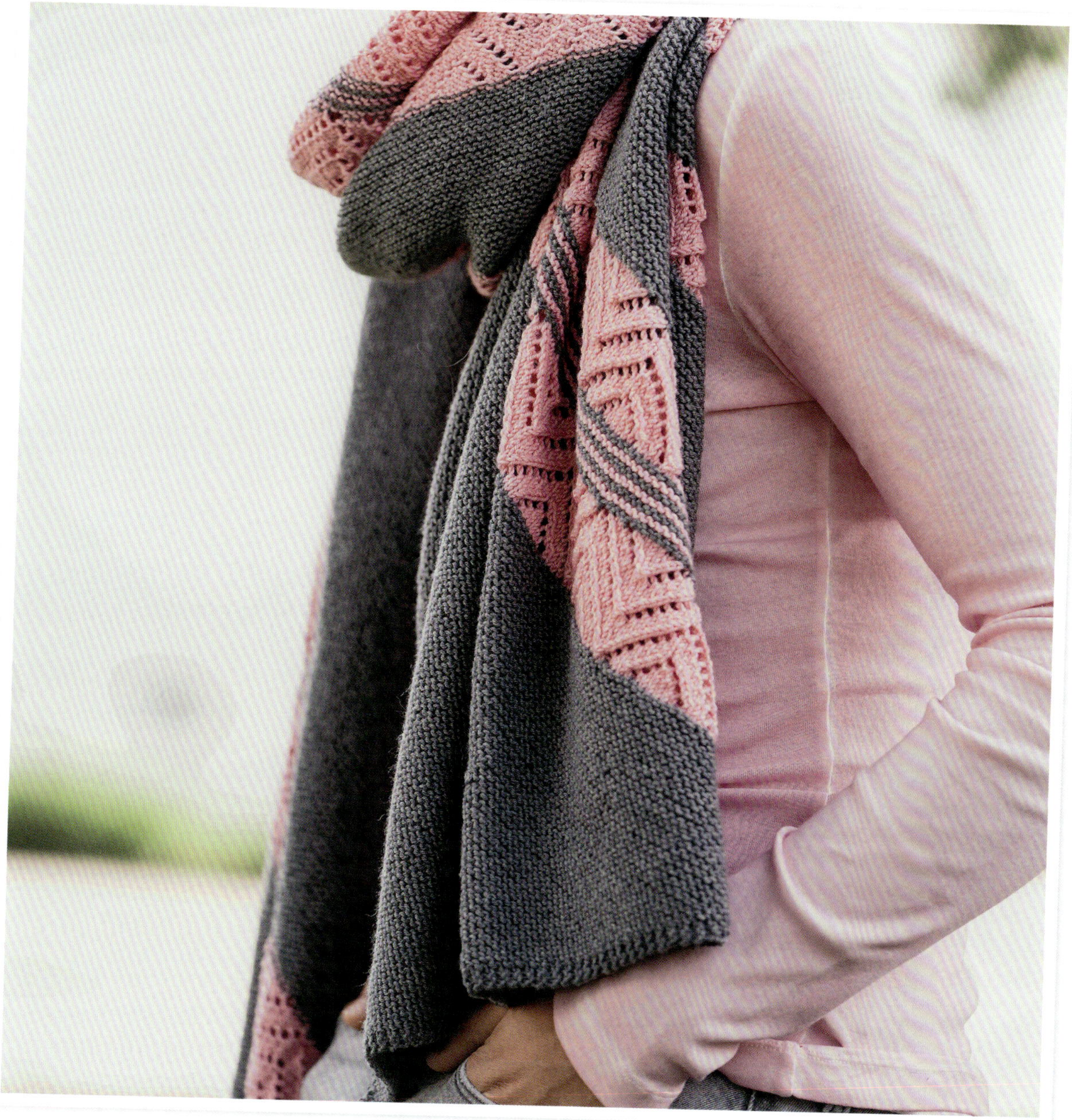

Danach für das **linke Enddreieck** zuerst 16 Reihen kraus rechts in der Streifenfolge stricken, dabei mit 2 Reihen Azalee anfangen und in der 1. Reihe am rechten Rand (= am Reihenanfang) die Randmasche verdoppeln = 230 Maschen und zur Formgebung 8 x in jeder Hinreihe beidseitig je 1 Masche betont abnehmen = 214 Maschen. Dann 24 Reihen in Azalee weiterarbeiten und Maschen wie folgt einteilen: 1 Masche kraus rechts, 2 Maschen betonte Abnahmen, 208 Maschen Ajourmuster B, 2 Maschen betonte Abnahmen, Randmasche. Beidseitig die betonten Abnahmen fortsetzen = 190 Maschen. Danach kraus rechts in Grau weiterarbeiten, dabei zur Formgebung 93 x in jeder Hinreihe die beidseitigen Abnahmen fortsetzen = 4 Maschen. Restliche 4 Maschen abketten.

Mal so, mal so

Stola

GRÖSSE

60 x 255 cm

MATERIAL

Lana Grossa „Lace Seta" (70 % Alpaka, 30 % Seide Lauflänge ca. 250 m/50 g): je 100 g Dunkelpetrol (Fb 37) und Blauviolett (Fb 19) und je 50 g Violett (Fb 30), Taupe (Fb 6), Blaulila (Fb 8), Rohweiß (Fb 1) und Jeans (Fb 28)

Stricknadeln Nr. 3,5

MUSTER

Kraus rechts

In Hin- und Rückreihen rechte Maschen stricken.

Streifenfolge

[2 Reihen Blaulila, 2 Reihen Rohweiß] 59 x, [2 Reihen Blaulila, 2 Reihen Dunkelpetrol] 59 x, 2 Reihen Blaulila, 2 Reihen Dunkelpetrol, [2 Reihen Blauviolett, 2 Reihen Dunkelpetrol] 59 x, 2 Reihen Blauviolett, [2 Reihen Violett, 2 Reihen Blauviolett] 59 x, 2 Reihen Violett, [2 Reihen Taupe, 2 Reihen Violett] 59 x, 2 Reihen Taupe, [2 Reihen Blauviolett, 2 Reihen Taupe] 59 x, 2 Reihen Blauviolett, [2 Reihen Dunkelpetrol, 2 Reihen Blauviolett] 59 x, 2 Reihen Dunkelpetrol, [2 Reihen Jeans, 2 Reihen Dunkelpetrol] 59 x, 2 Reihen Jeans, [2 Reihen Rohweiß, 2 Reihen Jeans] 59 x

Verkürzte Reihen mit Doppelmasche

Nach dem Wenden am Anfang der Reihe den Faden vor die Arbeit legen, von rechts in die 1. Masche der linken Nadel einstechen, die Masche und den Faden zusammen abheben. Danach den Faden fest über die rechte Nadel nach hinten ziehen. Dadurch wird die Masche über die Nadel gezogen und liegt doppelt. In der folgenden Reihe beide Maschenteile zusammen erfassen und mustergemäß rechts stricken.

MASCHENPROBE

Kraus rechts: 21 Maschen und 50 Reihen = 10 x 10 cm

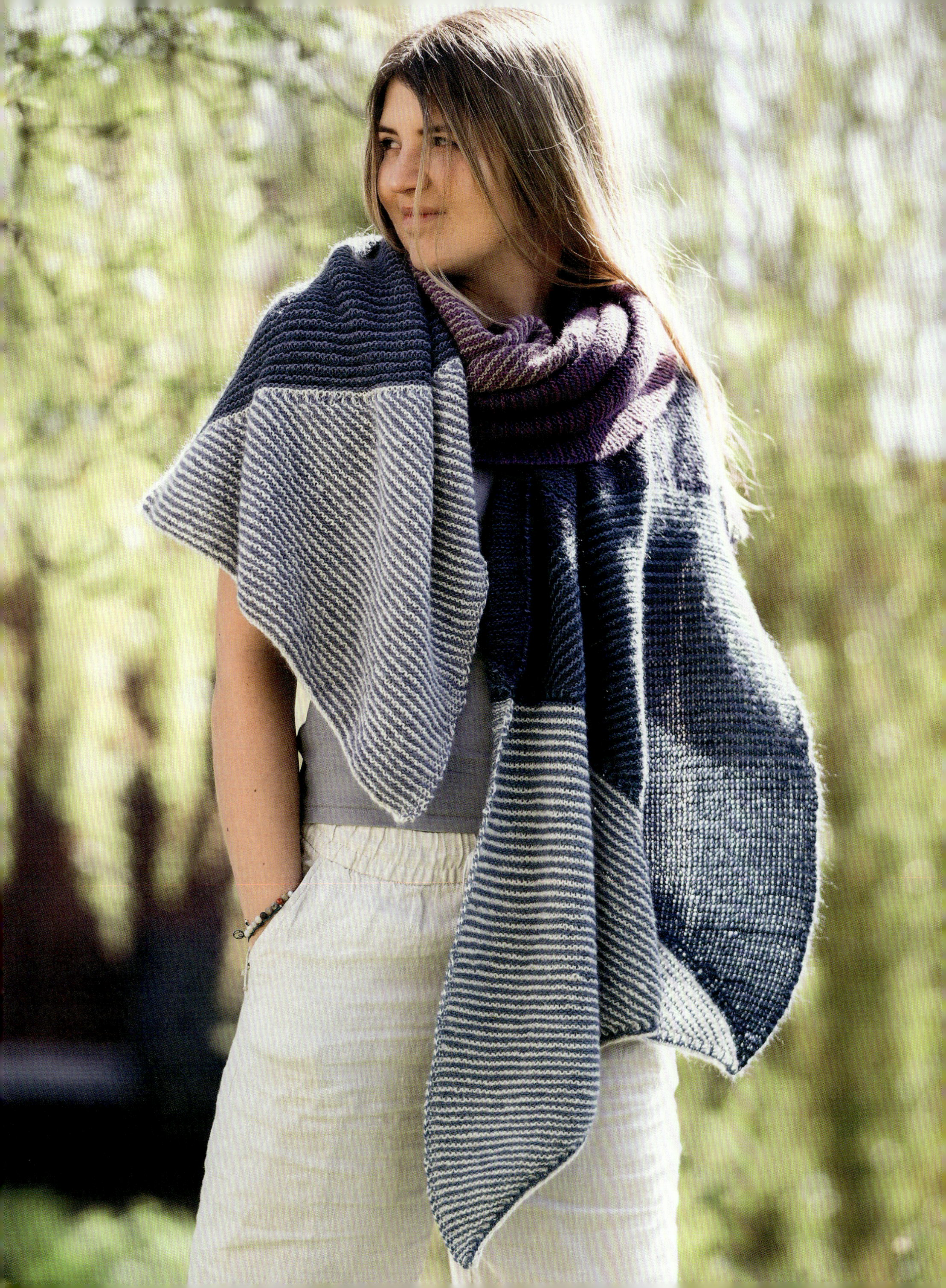

ANLEITUNG

120 Maschen mit Nadeln Nr. 3,5 in Rohweiß anschlagen und 1 Rückreihe rechts stricken. Kraus rechts in der Streifenfolge arbeiten, * dabei 119 x in jeder Hinreihe am Reihenende je 1 Masche weniger stricken und die Arbeit mit 1 Doppelmasche wenden. Es bleibt nur noch 1 Masche übrig. Nun über alle stillgelegten 120 Maschen kraus rechts in der Streifenfolge weiterarbeiten (Achtung: Doppelmaschen wie oben beschrieben als 1 Masche stricken), dabei 119 x in jeder Hinreihe am Reihenanfang je 1 Masche weniger stricken und die Arbeit mit 1 Doppelmasche wenden. Es bleibt nur noch 1 Masche übrig. Nun über alle stillgelegten 120 Maschen kraus rechts in der Streifenfolge weiterarbeiten. Ab * stets wiederholen. Nach der Streifenfolge noch 2 Reihen kraus rechts in Rohweiß stricken, dabei in der 2. Reihe alle Maschen rechts abketten.

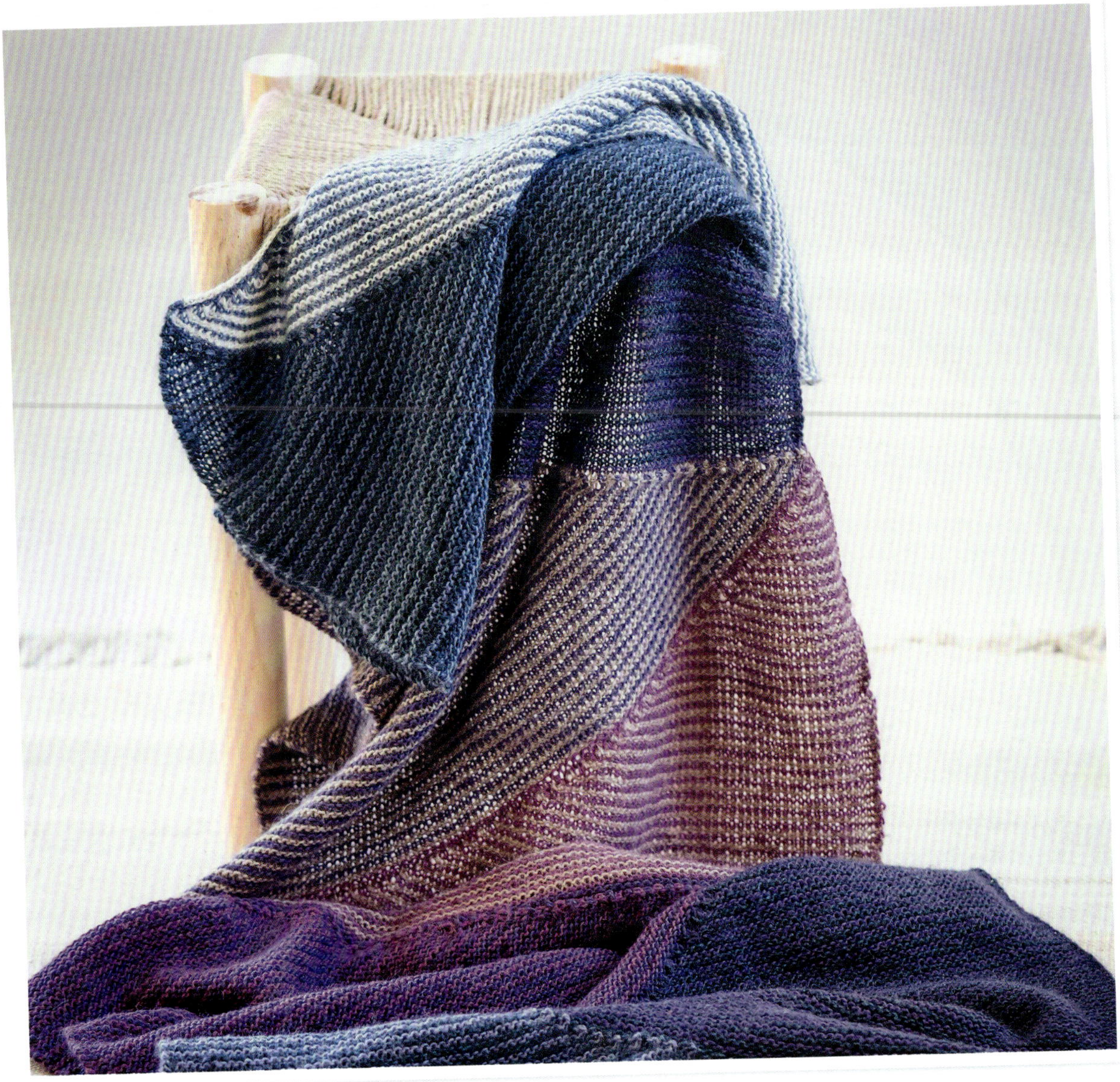

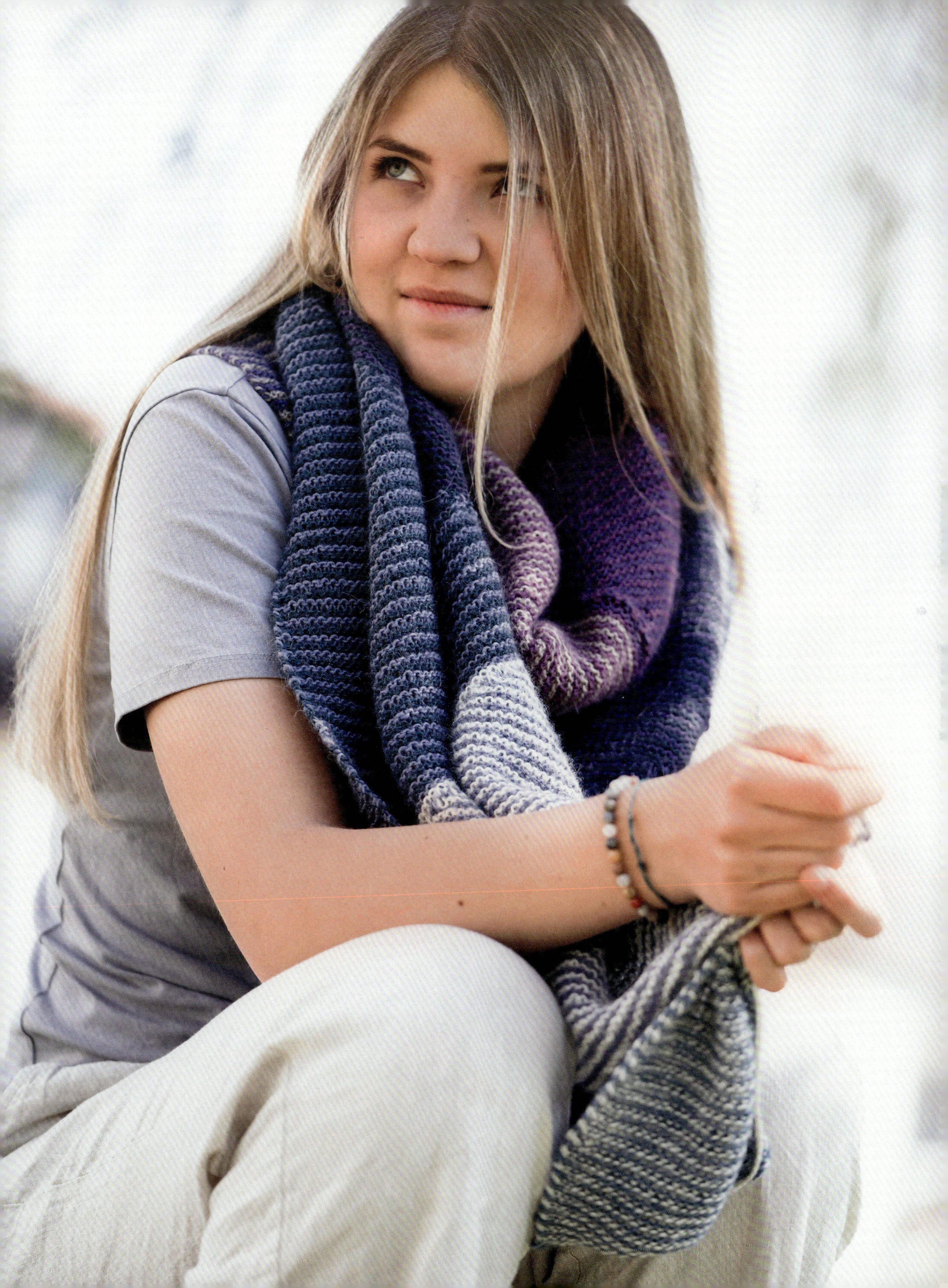

Berg und Tal

Schmales Tuch

GRÖSSE

41 x 250 cm

MATERIAL

ONline „Linie 16 Starwool Light"
(100 % Schurwolle, Lauflänge ca. 160 m/50 g):
je 150 g Dunkelblau (Fb 50) und Hellblau
(Fb 54) und 100 g Hellgrau (Fb 46)
1 Rundstricknadel Nr. 3,5
Maschenmarkierer

MUSTER

Glatt rechts
In Hinreihen rechte, in Rückreihen linke Maschen stricken.

Glatt links
In Hinreihen linke, in Rückreihen rechte Maschen stricken.

Kraus rechts
In Hin- und Rückreihen rechte Maschen stricken.

Muster- und Streifenfolge
3 Reihen glatt rechts in Dunkelblau, * 2 Reihen kraus rechts und 2 Reihen glatt links in Hellblau, 4 Reihen glatt rechts in Dunkelblau, 2 Reihen kraus rechts und 2 Reihen glatt links in Hellgrau, 4 Reihen glatt rechts in Dunkelblau, 2 Reihen kraus rechts und 2 Reihen glatt links in Hellblau, 4 Reihen glatt rechts in Hellgrau, 2 Reihen kraus rechts und 2 Reihen glatt links in Dunkelblau, 4 Reihen glatt rechts in Hellblau, 2 Reihen kraus rechts und 2 Reihen glatt links in Hellgrau, 4 Reihen glatt rechts in Dunkelblau, 2 Reihen kraus rechts und 2 Reihen glatt links in Hellblau, 4 Reihen glatt rechts in Dunkelblau, 2 Reihen kraus rechts und 2 Reihen glatt links in Hellgrau, 4 Reihen glatt rechts in Hellblau, 2 Reihen kraus rechts und 2 Reihen glatt links in Dunkelblau, 4 Reihen glatt rechts in Hellgrau, ab * stets wiederholen.

I-Cord-Rand
Die ersten 3 Maschen jeder Reihe rechts stricken, die letzten 3 Maschen jeder Reihe wie zum Linksstricken abheben (Faden vor der Arbeit).

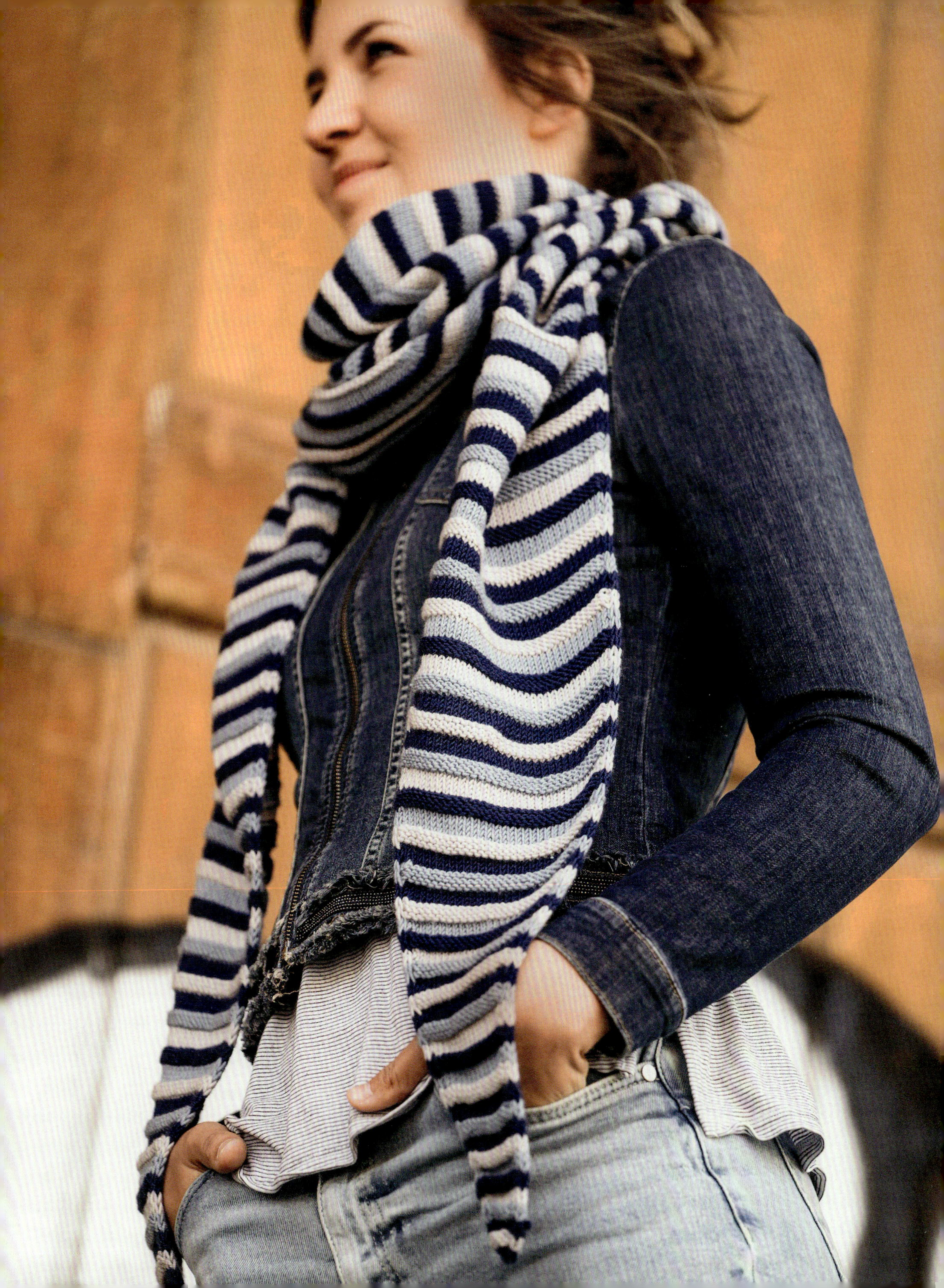

Unsichtbares Fadenmitnehmen
Am Reihenanfang der Hinreihe auf der Rückseite der Arbeit die zwei nicht in Arbeit befindlichen Fäden über den Arbeitsfaden legen.

Betonte Abnahmen
Am rechten Rand: 3 Maschen I-Cord-Rand, 2 Maschen rechts zusammenstricken.
Am linken Rand: Bis zu den letzten 5 Maschen mustergemäß stricken. 2 Maschen rechts überzogen zusammenstricken (= 1 Masche wie zum Rechtsstricken abheben, 1 Masche rechts stricken, dann die abgehobene Masche überziehen), 3 Maschen I-Cord-Rand.

MASCHENPROBE
Muster- und Streifenfolge: 23 Maschen und 36 Reihen = 10 x 10 cm

ANLEITUNG
105 Maschen mit Nadeln Nr. 3,5 in Dunkelblau anschlagen, mit einer Rückreihe beginnen und Maschen wie folgt einteilen: 3 Maschen I-Cord-Rand, 99 Maschen Muster- und Streifenfolge, 3 Maschen I-Cord-Rand. Zur Formgebung in der 1. Hinreihe aus der Mittelmasche 3 Maschen herausstricken (= 1 Masche rechts, 1 Umschlag, 1 Masche rechts) = 107 Maschen. Die mittleren 3 Maschen markieren. In der folgenden 2. Reihe aus jeder der 3 Mittelmaschen je 2 Maschen herausstricken (= 1 Masche rechts, 1 Masche rechts verschränkt) = 110 Maschen. * In der folgenden 2. Reihe bis zu den markierten Maschen stricken, dann [1 Masche rechts, 2 Maschen aus 1 Masche herausstricken] 3 x = 113 Maschen. In der folgenden 2. Reihe bis zu den markierten Maschen stricken, dann [2 Maschen aus 1 Masche herausstricken, 2 Maschen rechts] 3 x = 116 Maschen. Ab * 21 x wiederholen, dabei die Zunahmen abwechselnd immer an den gleichen Zunahmestellen arbeiten, dadurch erhöht sich die Maschenzahl vor, zwischen bzw. nach den Zunahmen. In der folgenden 2. Reihe bis zu den markierten Maschen stricken, dann die Zunahmen noch 1 x arbeiten = 245 Maschen. In der 95. Reihe = Rückreihe ab Anschlag die mittleren 47 Maschen abketten und die beiden Tuchenden separat beenden = 99 Maschen pro Tuchende.

Rechtes Tuchende: 3 Maschen I-Cord-Rand, 93 Maschen Muster- und Streifenfolge (diese fortsetzen), 3 Maschen I-Cord-Rand. Zur Formgebung in der 9. Reihe ab Beginn des Tuchendes beidseitig 1 Masche und 44 x in jeder 8. Reihe beidseitig je 1 Masche betont abnehmen = 9 Maschen. In der folgenden 2. Reihe die mittleren 3 Maschen rechts zusammenstricken = 7 Maschen. Dann in der folgenden 2. Reihe die restlichen 7 Maschen abketten.

Linkes Tuchende ebenso beenden.

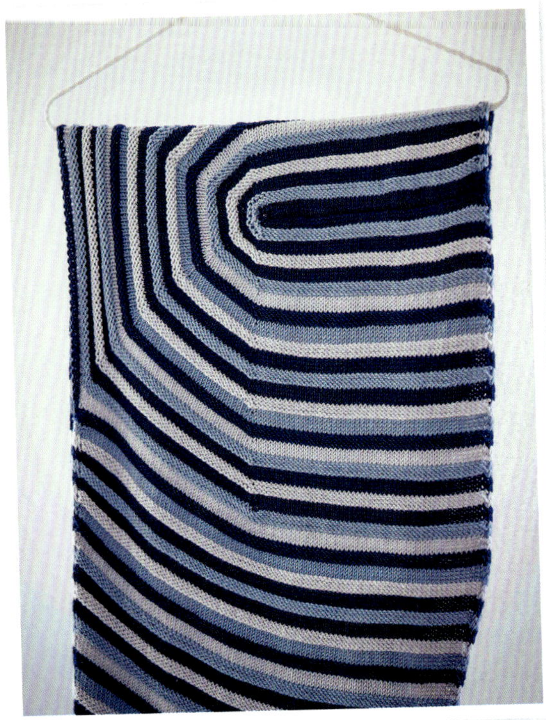

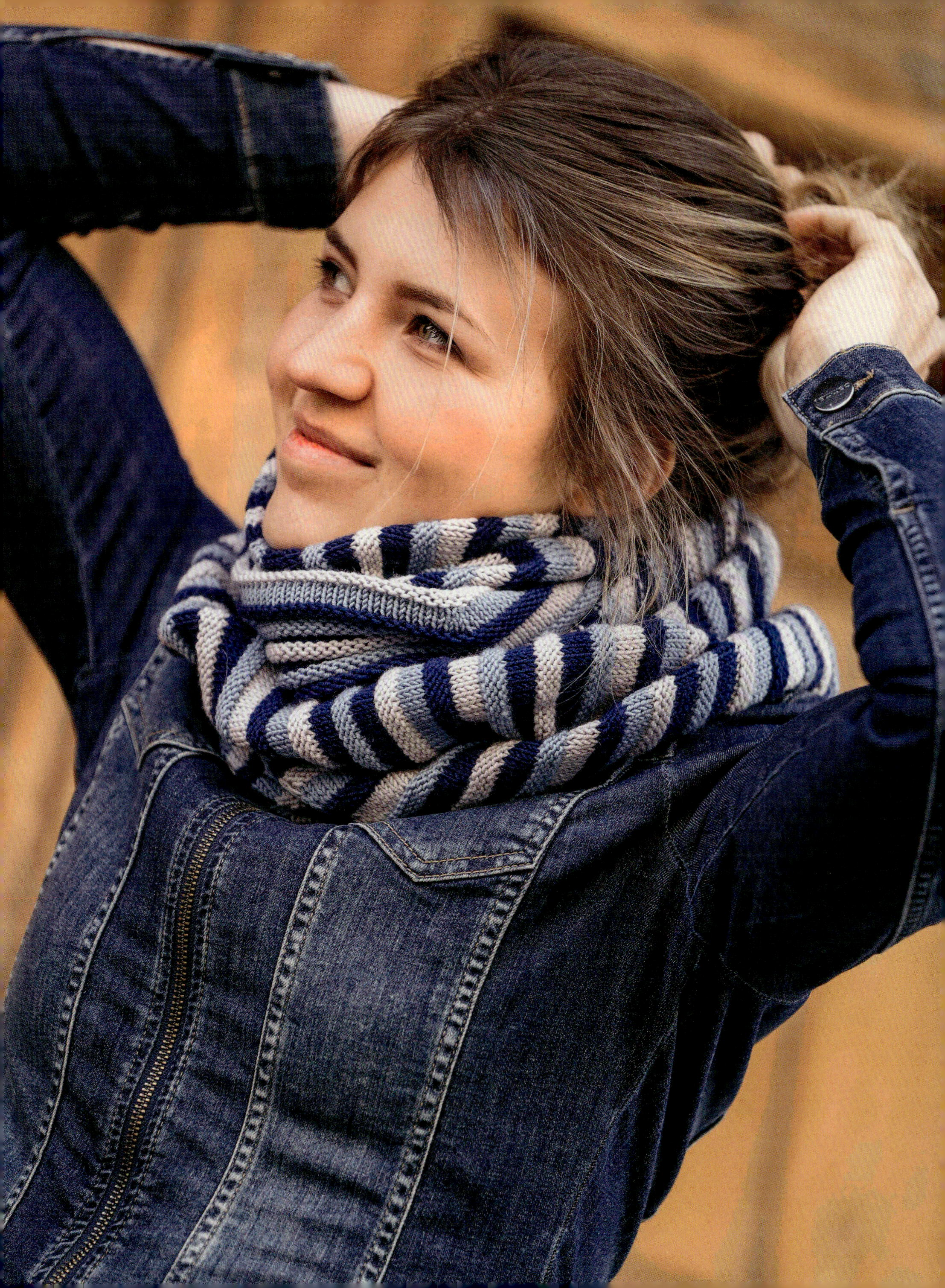

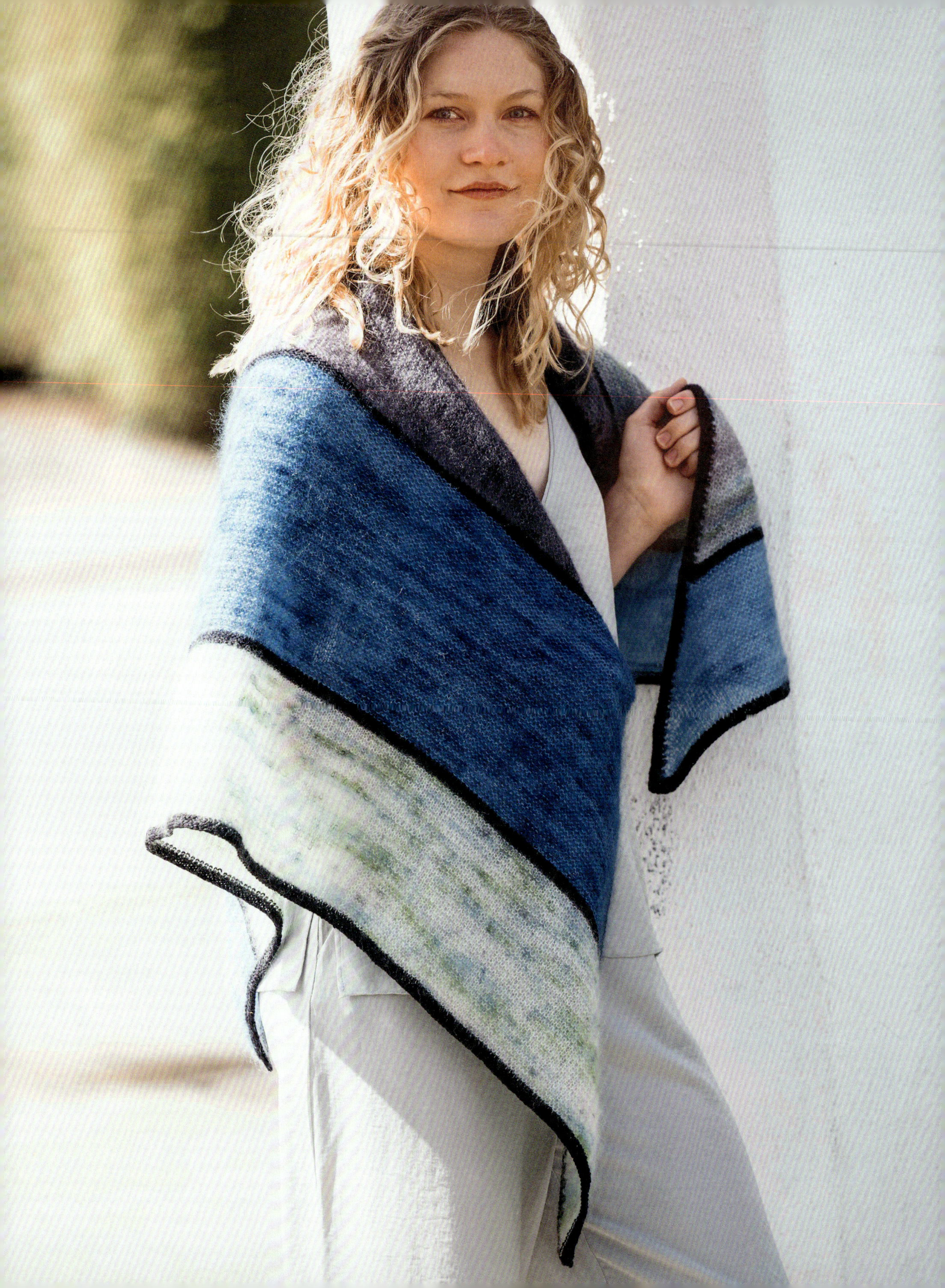

Graphic

Dreieckstuch

GRÖSSE
86 x 178 cm

MATERIAL
Locoporella „Kid Silk Lace" (72 % Mohair, 28 % Seide, Lauflänge ca. 168 m/20 g): je 20 g Anthra, Capri, Bergsee, Quelle und Türkis
Locoporella „Merino Silk" (60 % Schurwolle, 40 % Seide, Lauflänge ca. 425 m/100 g): 100 g True Black
2 Rundstricknadeln Nr. 3
Maschenmarkierer

MUSTER
Kraus rechts in Reihen
In Hin- und Rückreihen rechte Maschen stricken.

Kraus rechts in Runden
1 Runde rechte, 1 Runde linke Maschen im Wechsel stricken.

Betonte Zunahmen in Hinreihen
Am Reihenanfang: 1 Masche rechts, 1 Masche verdoppeln (= 1 Masche rechts, 1 Masche rechts verschränkt in 1 Masche arbeiten).
Am Reihenende: 1 Masche verdoppeln, 1 Masche rechts.

MASCHENPROBE
Kraus rechts: 21 Maschen und 38 Reihen = 10 x 10 cm

ANLEITUNG
Das Tuch entsteht durch verschiedene Strickrichtungen.

1. Abschnitt: 3 Maschen mit Nadeln Nr. 3 in Anthra anschlagen und kraus rechts stricken, dabei mit einer Rückreihe beginnen und in jeder Hinreihe am rechten Rand (= am Reihenanfang) je 1 Masche betont zunehmen. Wenn die Farbe aufgebraucht ist, mit einer Rückreihe enden und die Maschen stilllegen.

2. Abschnitt: Mit der zweiten Rundstricknadel weiterarbeiten. Mit True Black die letzte stillgelegte Masche (= am Reihenende von Abschnitt 1) rechts stricken und aus dem linken seitlichen Rand des Abschnitts 1 aus jeder 2. Reihe je 1 Masche auffassen. Kraus rechts stricken, dabei 2 x in jeder Hinreihe am linken Rand (= Reihenende) je 1 Masche betont zunehmen. Dann kraus rechts in Capri weiterarbeiten und die Zunahmen am linken Rand fortführen. Wenn die Farbe aufgebraucht ist, mit einer Rückreihe enden und die Maschen stilllegen.

3. Abschnitt: Mit der ersten Rundstricknadel in True Black über die stillgelegten Maschen des 1. Abschnitts rechts stricken und aus dem rechten seitlichen Rand des 2. Abschnitts aus jeder 2. Reihe je 1 Masche auffassen. Kraus rechts stricken, dabei 2 x in jeder Hinreihe am rechten Rand (= Reihenanfang) je 1 Masche betont zunehmen. Dann kraus rechts in Bergsee weiterarbeiten und die Zunahmen am rechten Rand fortführen. Wenn die Farbe aufgebraucht ist, mit einer Rückreihe enden und die Maschen stilllegen.

4. Abschnitt: Mit der zweiten Rundstricknadel weiterarbeiten. Mit True Black die letzte stillgelegte Masche (= am Reihenende von Abschnitt 3) rechts stricken und aus dem linken seitlichen Rand des 3. Abschnitts aus jeder 2. Reihe je 1 Masche auffassen. Kraus rechts stricken, dabei 2 x in jeder Hinreihe am linken Rand (= Reihenende) je 1 Masche betont zunehmen. Dann kraus rechts in Quelle weiterarbeiten und die Zunahmen am linken Rand fortführen. Wenn die Farbe aufgebraucht ist, mit einer Rückreihe enden und die Maschen stilllegen.

5. Abschnitt: Mit der ersten Rundstricknadel weiterarbeiten. Mit True Black über die stillgelegten Maschen des 3. Abschnitts rechts stricken und aus dem rechten seitlichen Rand des 4. Abschnitts aus jeder 2. Reihe je 1 Masche auffassen. Kraus rechts stricken, dabei 2 x in jeder Hinreihe am rechten Rand (= Reihenanfang) je 1 Masche betont zunehmen. Dann kraus rechts in Türkis weiterarbeiten und die Zunahmen am rechten Rand fortführen. Wenn die Farbe aufgebraucht ist, mit einer Rückreihe enden und die Maschen stilllegen.

6. Abschnitt: Mit True Black über die stillgelegten Maschen des 5. Abschnitts rechts stricken, dabei aus der ersten und letzten Masche je 3 Maschen herausstricken (= 1 Masche rechts, 1 Umschlag, 1 Masche rechts; jeweils die mittlere Maschen als Eckmaschen markieren) und aus dem linken seitlichen Rand des 5. Abschnitts aus jeder 2. Reihe je 1 Masche auffassen, dann über die stillgelegten Maschen des 4. Abschnitts rechts stricken, dabei aus der letzten Masche je 3 Maschen herausstricken (Eckmasche markieren), danach aus den linken seitlichen Rändern des 4. und 2. Abschnitts und den rechten seitlichen Ränder des 1., 3. und 5. Abschnitts aus jeder 2. Reihe je 1 Masche auffassen. 5 Runden kraus rechts stricken, dabei in jeder rechten Runde aus den Eckmaschen je 3 Maschen herausstricken. Maschen abketten.

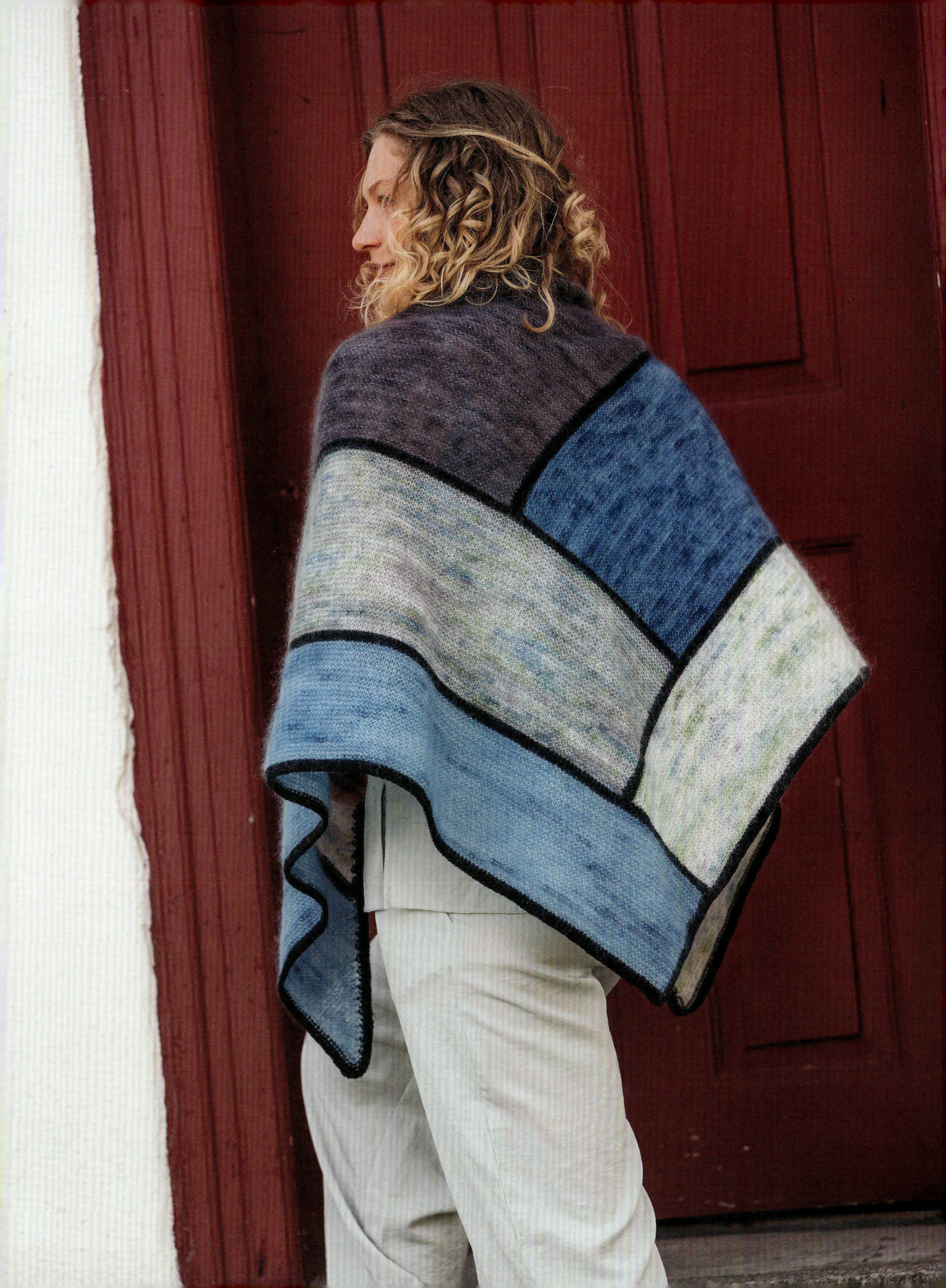

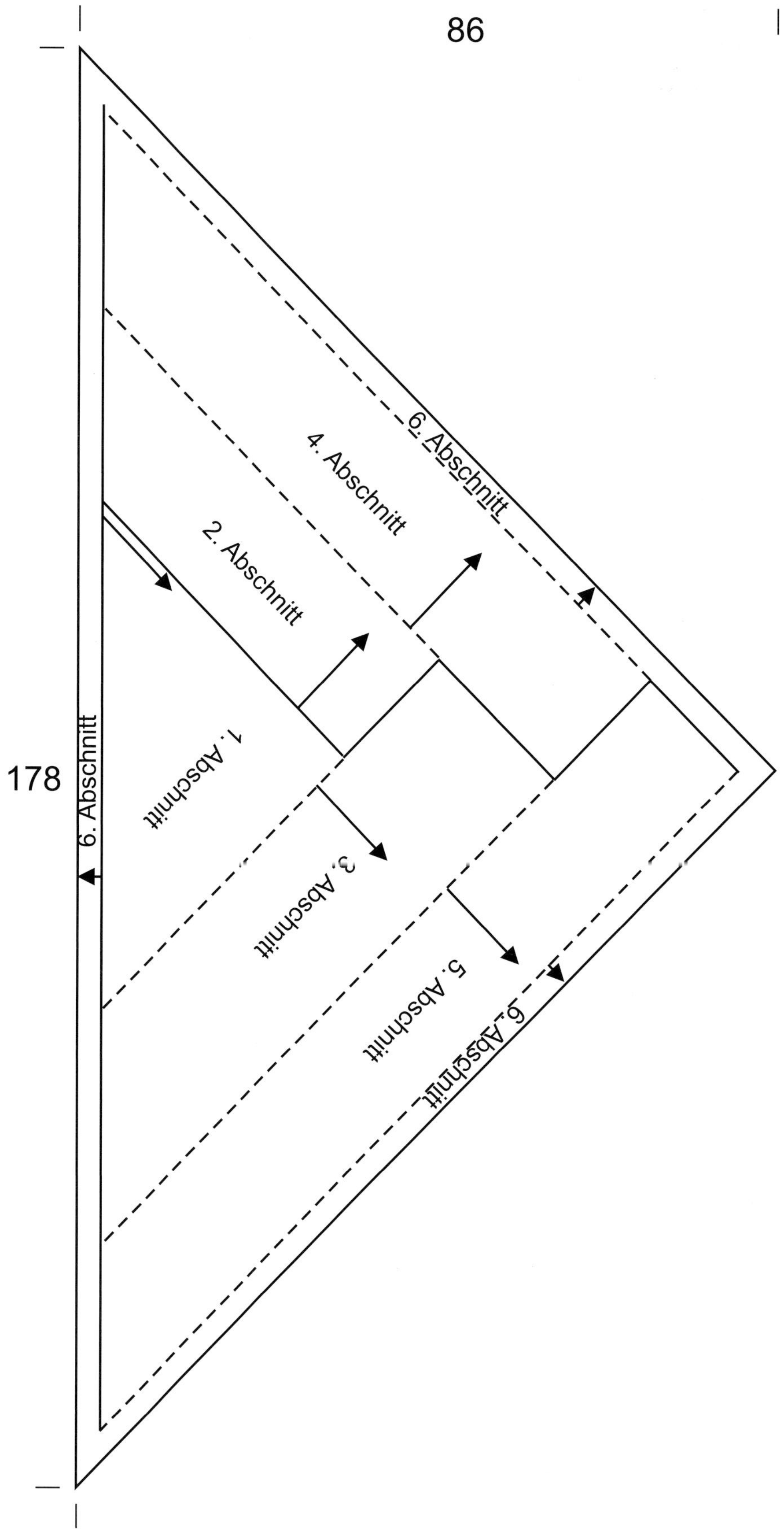
86
178
1. Abschnitt
2. Abschnitt
3. Abschnitt
4. Abschnitt
5. Abschnitt
6. Abschnitt
6. Abschnitt
6. Abschnitt

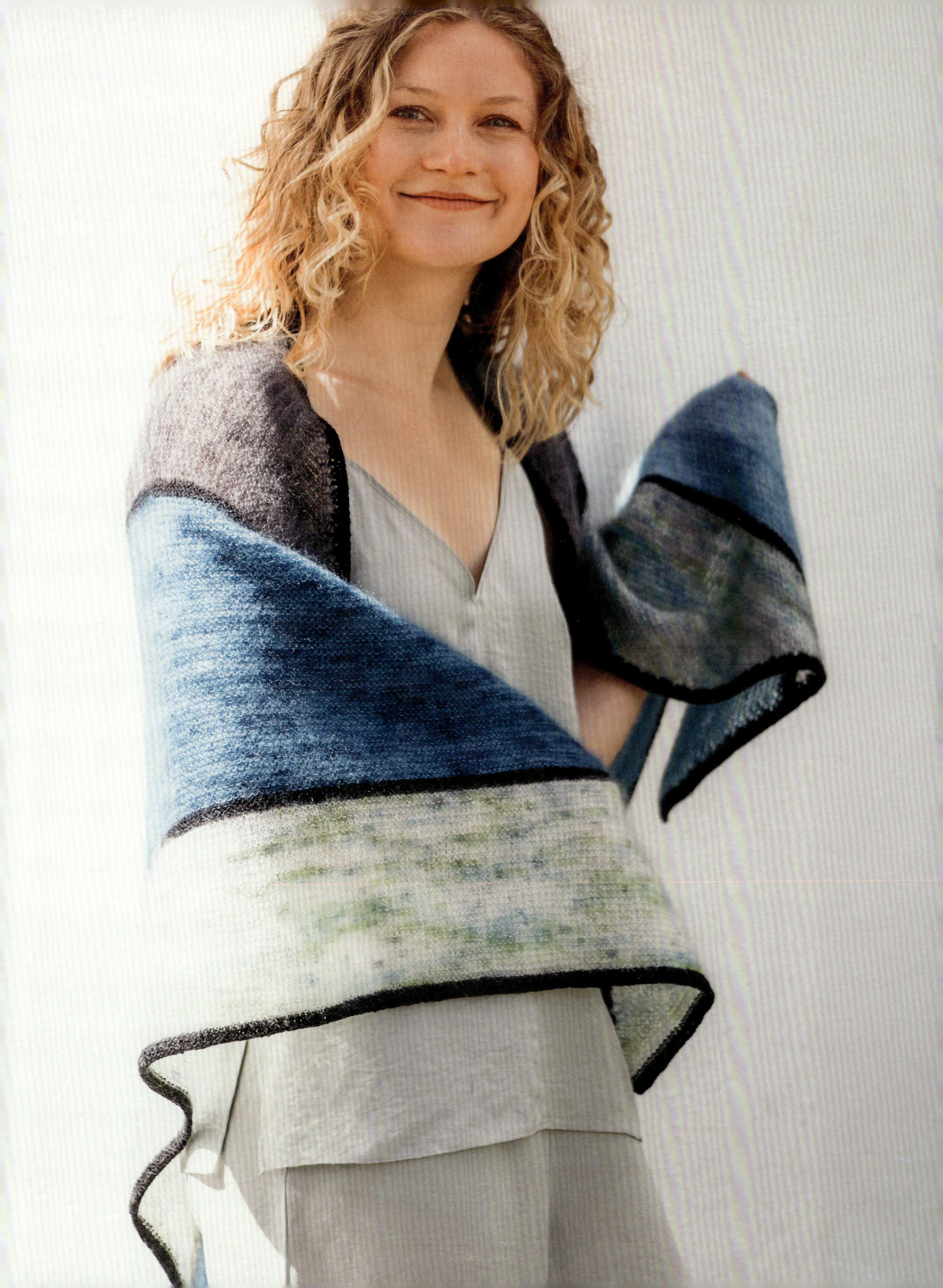

Ostseedüne

Stola

GRÖSSE
25–56 x 193 cm

MATERIAL
Schoppel „Cashmere Queen" (45 % Schurwolle, 35 % Kaschmir, 20 % Seide, Lauflänge ca. 140 m/50 g): 200 g Camel (Fb 7181)
Schoppel „Merino Lace" (57 % Schurwolle, 23 % Polyamid, 20 % Mohair, Lauflänge ca. 400 m/50 g): 50 g Natur (Fb 980)
1 Rundstricknadel Nr. 4,5

MUSTER
Zweifarbiges Patentmuster
Maschenzahl teilbar durch 2 + 1 + 2 Randmaschen. Für dieses Muster mit einer Rundstricknadel stricken, denn es werden abwechselnd je 2 Hin- und 2 Rückreihen gestrickt. Nach der 1. Hinreihe die Maschen an das andere Ende der Rundstricknadel schieben, mit der anderen Farbe erneut 1 Hinreihe stricken. Dann erst die 1. Rückreihe arbeiten, danach wieder die Maschen an das andere Ende der Rundstricknadel schieben usw. 2 Hinreihen gelten als 1 Reihe, 2 Rückreihen ebenso.

1. Reihe = Hinreihe, Camel: Randmasche rechts, * 1 Masche mit 1 Umschlag wie zum Linksstricken abheben, 1 Masche rechts, ab * stets wiederholen, 1 Masche mit 1 Umschlag wie zum Linksstricken abheben, Randmasche rechts. Die Maschen an das andere Ende der Nadel schieben.
1. Reihe = Hinreihe, Natur: Randmasche wie zum Linksstricken abheben, * den Umschlag und die abgehobene Masche links zusammenstricken, 1 Masche mit 1 Umschlag wie zum Linksstricken abheben, ab * stets wiederholen, den Umschlag und die abgehobene Masche links zusammenstricken, Randmasche wie zum Linksstricken abheben. Arbeit wenden.
2. Reihe = Rückreihe, Camel: Randmasche rechts, * 1 Masche mit 1 Umschlag wie zum Linksstricken abheben, den Umschlag und die abgehobene Masche links zusammenstricken, ab * stets wiederholen, 1 Masche mit 1 Umschlag wie zum Linksstricken abheben, Randmasche. Die Maschen an das andere Ende der Nadel schieben.
2. Reihe = Rückreihe, Natur: Randmasche wie zum Linksstricken abheben, * den Umschlag und die abgehobene Masche rechts zusammenstricken, 1 Masche mit 1 Umschlag wie

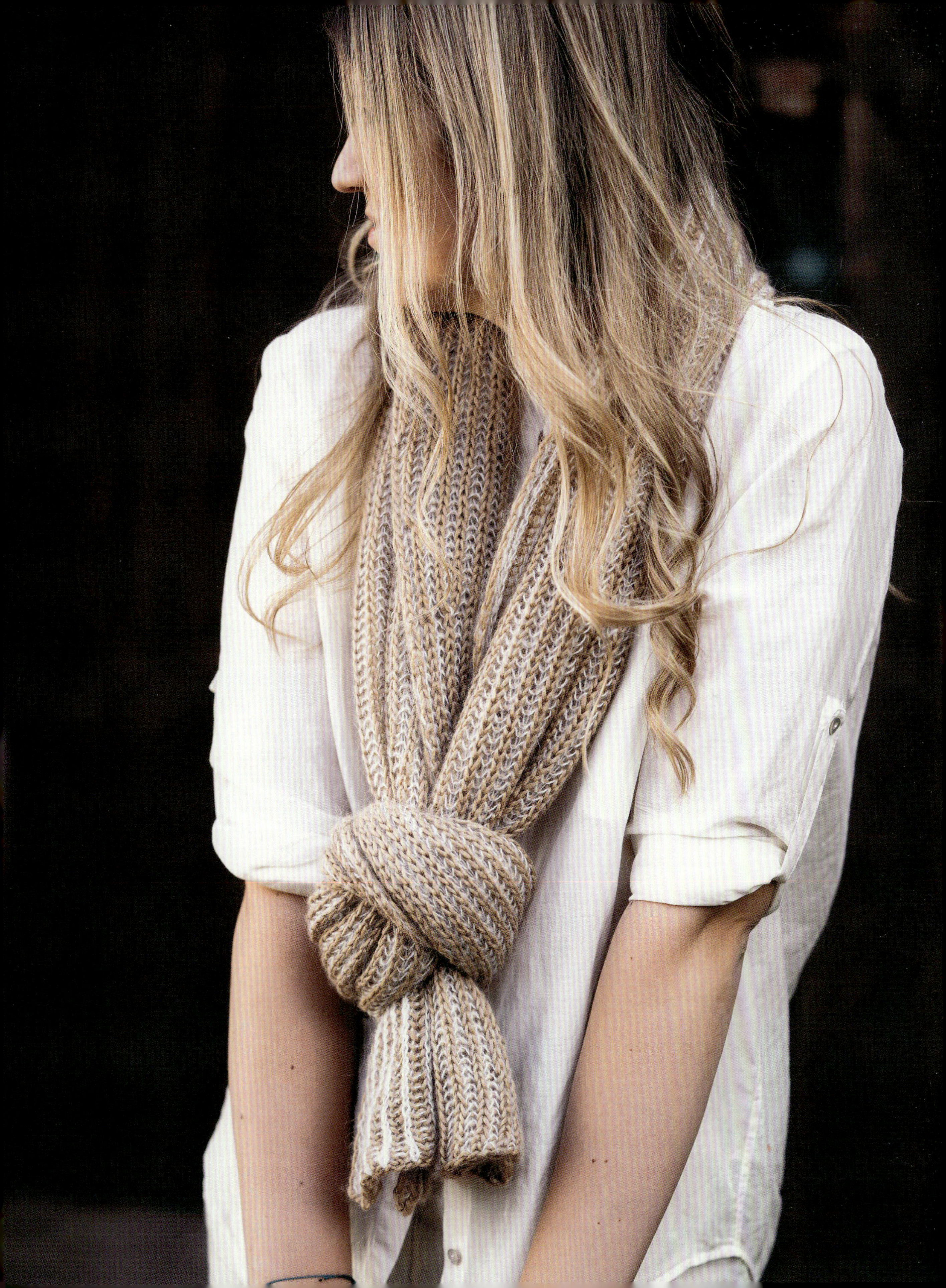

zum Linksstricken abheben, ab * stets wiederholen, den Umschlag und die abgehobene Masche rechts zusammenstricken, Randmasche wie zum Linksstricken abheben. Arbeit wenden.

3. Reihe = Hinreihe, Camel: Randmasche rechts, * 1 Masche mit 1 Umschlag wie zum Linksstricken abheben, den Umschlag und die abgehobene Masche rechts zusammenstricken, ab * stets wiederholen, 1 Masche mit 1 Umschlag wie zum Linksstricken abheben, Randmasche rechts. Die Maschen an das andere Ende der Nadel schieben.

3. Reihe = Hinreihe, Natur: Randmasche wie zum Linksstricken abheben, * den Umschlag und die abgehobene Masche links zusammenstricken, 1 Masche mit 1 Umschlag wie zum Linksstricken abheben, ab * stets wiederholen, den Umschlag und die abgehobene Masche links zusammenstricken, Randmasche wie zum Linksstricken abheben. Arbeit wenden.

1 x die 1.–3. Reihe arbeiten, dann die 2.–3. Reihe stets wiederholen.

MASCHENPROBE

Patentmuster: 12,5 Maschen und 34 Reihen = 10 x 10 cm

ANLEITUNG

41 Maschen mit Nadeln Nr. 4 in Camel anschlagen und im zweifarbigen Patent stricken. Nach 30 cm = 54 Reihen zur Formgebung = in einer Hinreihe in Camel die mittlere Masche verdreifachen (= 1 Masche rechts, 1 Umschlag, 1 Masche rechts) = 43 Maschen. In der folgenden Rückreihe die Maschen muster- bzw. sinngemäß stricken. Dann in der folgenden 8. Reihe = der folgenden 4. Hinreihe in Camel beidseits der mittleren 5 Maschen je 1 Masche verdreifachen = 47 Maschen, in der folgenden 8. Reihe beidseits der mittleren 13 Maschen je 1 Masche verdreifachen = 51 Maschen, in der folgenden 8. Reihe beidseits der mittleren 21 Maschen je 1 Masche verdreifachen = 55 Maschen. In der folgenden 8. Reihe beidseits der mittleren 29 Maschen je 1 Masche verdreifachen = 59 Maschen. In der folgenden 8. Reihe beidseits der mittleren 37 Maschen je 1 Masche verdreifachen = 63 Maschen. In der folgenden 8. Reihe beidseits der mittleren 45 Maschen je 1 Masche verdreifachen = 67 Maschen. In der folgenden 8. Reihe beidseits der mittleren 53 Maschen je 1 Masche verdreifachen = 71 Maschen. In der folgenden 8. Reihe beidseits der mittleren 61 Maschen je 1 Masche verdreifachen = 75 Maschen. In der folgenden 8. Reihe beidseits der mittleren 69 Maschen je 1 Masche verdreifachen = 79 Maschen.

Nun 40 cm = 72 Reihen gerade stricken. Dann zur Formgebung die 3.–5. Masche rechts zusammenstricken (inklusive Umschläge) und die 3.- bis 5.-letzte Masche rechts überzogen zusammenstricken (= 1 Masche wie zum Rechtsstricken abheben, 2 Maschen rechts zusammenstricken, dann die abgehobene Masche überziehen, inklusive dazugehöriger Umschläge) = 75 Maschen, in der folgenden 8. Reihe die 5.–7. Masche rechts zusammenstricken und die 5.- bis 7.-letzte Masche rechts überzogen zusammenstricken = 71 Maschen, in der folgenden 8. Reihe die 7.–9. Masche rechts zusammenstricken und die 7.- bis 9.-letzte Masche rechts überzogen zusammenstricken = 67 Maschen, in der folgenden 8. Reihe die 9.–11. Masche rechts zusammenstricken und die 9.- bis 11.-letzte Masche rechts überzogen zusammenstricken = 63 Maschen, in der folgenden 8. Reihe die 11.–13. Masche rechts zusammenstricken und die 11.- bis 13.-letzte Masche rechts überzogen zusammenstricken = 59 Maschen, in der folgenden 8. Reihe die 13.–15. Masche rechts zusammenstricken und die 13.- bis 15.-letzte

Masche rechts überzogen zusammenstricken = 55 Maschen, in der folgenden 8. Reihe die 15.–17. Masche rechts zusammenstricken und die 15.- bis 17.-letzte Masche rechts überzogen zusammenstricken = 51 Maschen, in der folgenden 8. Reihe die 17.–19. Masche rechts zusammenstricken und die 17.- bis 19.-letzte Masche rechts überzogen zusammenstricken = 47 Maschen, in der folgenden 8. Reihe die 19.–21. Masche rechts zusammenstricken und die 19.- bis 21.-letzte Masche rechts überzogen zusammenstricken = 43 Maschen, in der folgenden 8. Reihe die mittleren 3 Maschen rechts zusammenstricken = 41 Maschen.

Nach weiteren 30 cm = 54 Reihen ab der letzten Abnahme alle Maschen in Camel abketten.

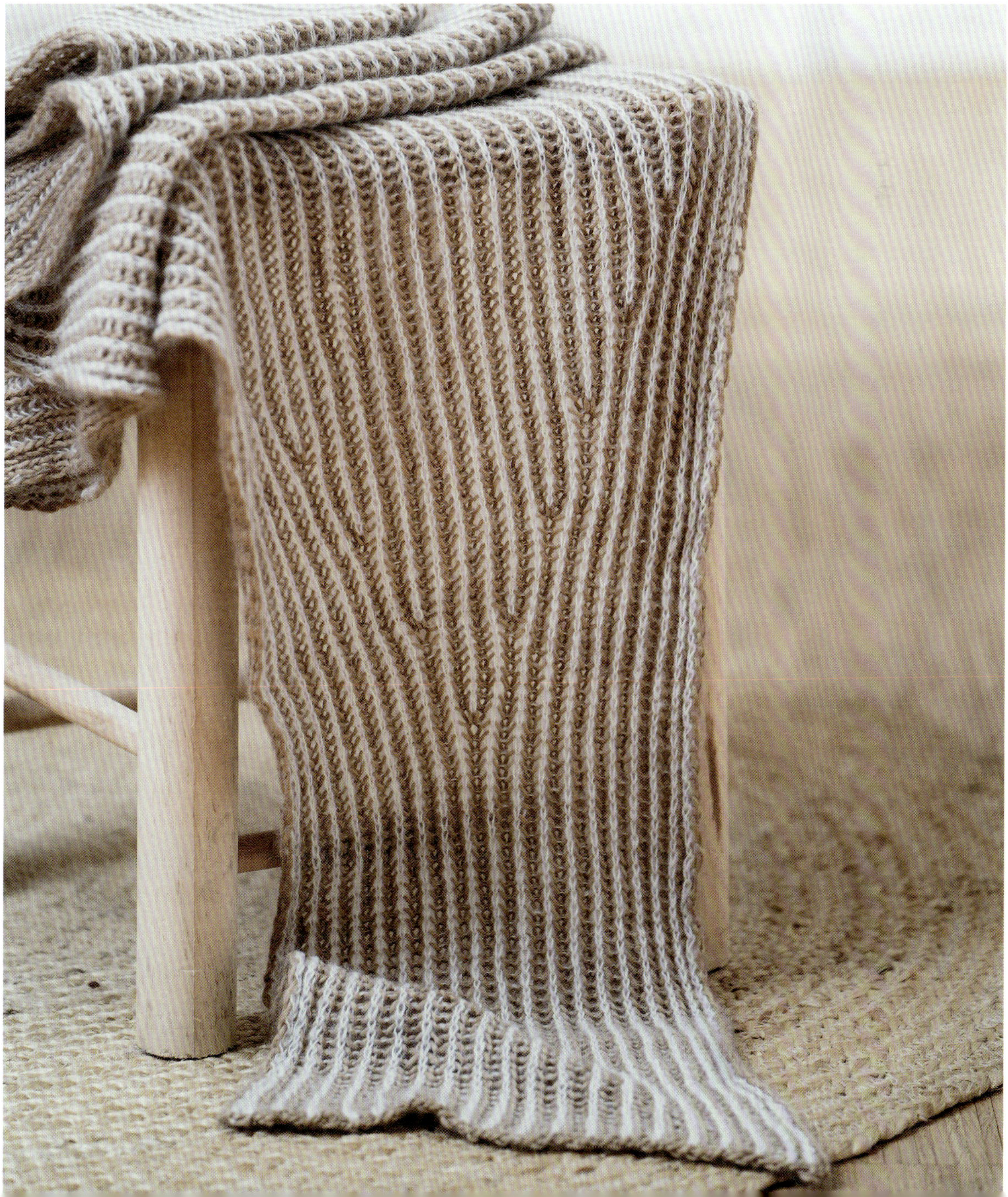

Passion

Tuch

GRÖSSE
ca. 54 x 220 cm

MATERIAL
Locoporella „Merino 4ply" (100 % Schurwolle, Lauflänge ca. 200 m/50 g):
300 g Passion (6 Farben à 50 g: Feuer, Rot, Karminrot, Dunkelrot, Weinrot, Bordeaux) und 100 g Schwarz
1 Rundstricknadel Nr. 3

MUSTER
Hebemaschen
Maschenzahl teilbar durch 80. Nach Strickschrift arbeiten. Es sind nur die Hinreihen gezeichnet, in den Rückreihen Maschen stricken, wie sie erscheinen bzw. wie in der Zeichenerklärung angegeben. Den Rapport von 80 Maschen stets wiederholen.
Die 1.–160. Reihe stets wiederholen.

I-Cord-Rand
Die ersten 3 Maschen jeder Reihe rechts stricken, die letzten 3 Maschen jeder Reihe wie zum Linksstricken abheben (Faden vor der Arbeit).

Unsichtbares Fadenmitnehmen
Am Reihenanfang der Hinreihe auf der Rückseite der Arbeit den nicht in Arbeit befindlichen Faden über den Arbeitsfaden legen.

Streifenfolge
1 Reihe = Rückreihe in Schwarz, * 6 Reihen Feuer, 2 Reihen Schwarz, ab * 19 x arbeiten, ** 6 Reihen Rot, 2 Reihen Schwarz, ab ** 19 x arbeiten, *** 6 Reihen Karminrot, 2 Reihen Schwarz, ab *** 16 x arbeiten, ° 6 Reihen Dunkelrot, 2 Reihen Schwarz, ab ° 16 x arbeiten, °° 6 Reihen Weinrot, 2 Reihen Schwarz, ab °° 19 x arbeiten, °°° 6 Reihen Weinrot, 2 Reihen Schwarz, ab °°° 19 x arbeiten.

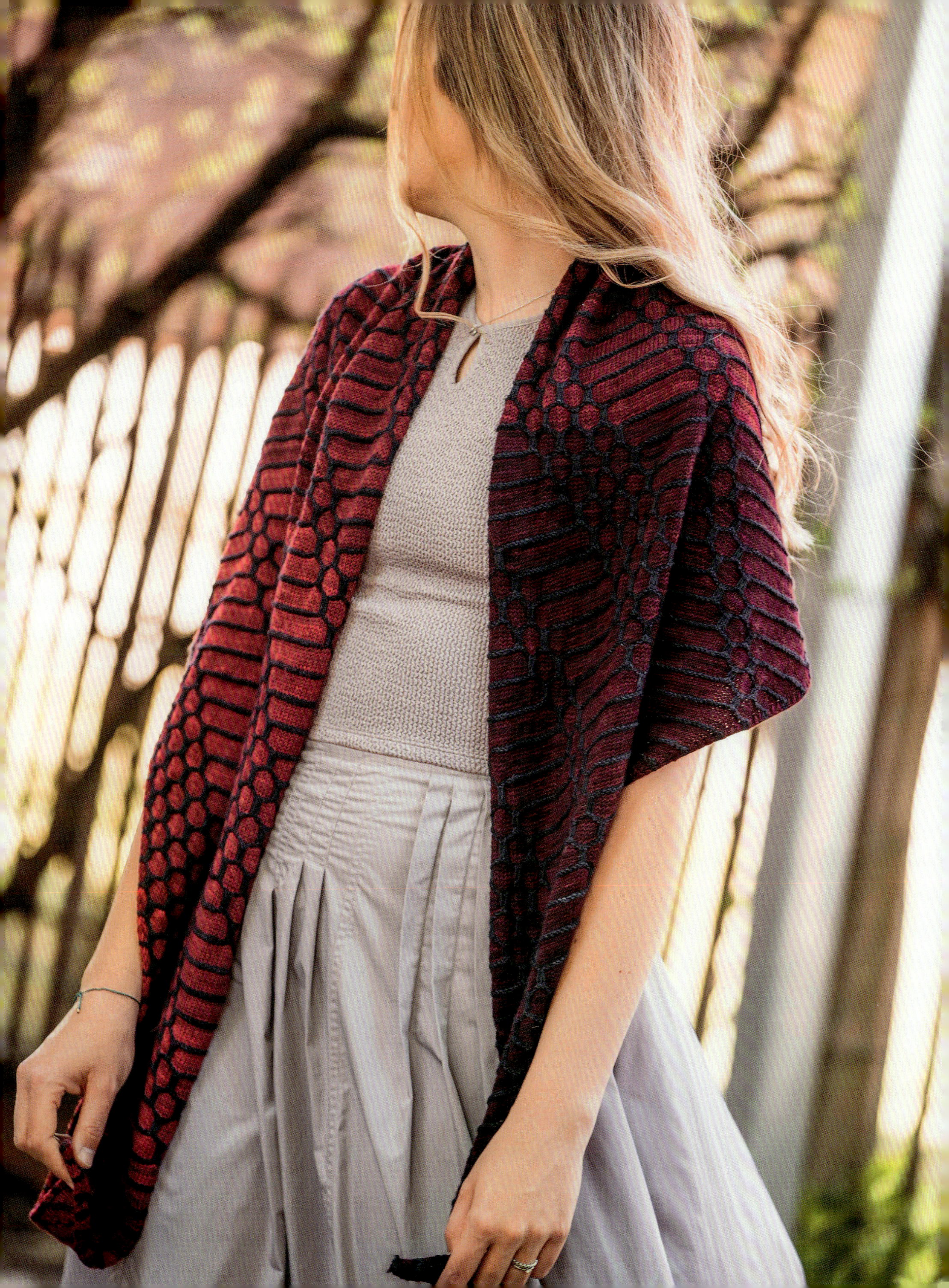

Betonte Zunahmen

Am linken Rand in der Hinreihe: Bis zu den letzten 3 Maschen mustergemäß stricken, dann 1 Masche aus dem Querfaden rechts verschränkt herausstricken, 3 Maschen I-Cord-Rand.

Betonte Abnahmen

Am linken Rand in der Hinreihe: Bis zu den letzten 5 Maschen mustergemäß stricken, dann 2 Maschen rechts überzogen zusammenstricken (= 1 Masche wie zum Rechtsstricken abheben, 1 Masche rechts stricken, dann die abgehobene Masche überziehen), 3 Maschen I-Cord-Rand.

MASCHENPROBE

Hebemaschenmuster: 29,5 Maschen und 39,5 Reihen = 10 x 10 cm

ANLEITUNG

Das Tuch wird quer gestrickt.

An einer Spitze beginnen: 7 Maschen mit Nadeln Nr. 3 in Schwarz anschlagen, gleich mit der Streifenfolge beginnen und in der 1. Reihe = Rückreihe Maschen wie folgt einteilen: 3 Maschen I-Cord-Rand, 1 Masche rechts, 3 Maschen I-Cord-Rand. Über die Maschen zwischen den I-Cord-Rändern zuerst 6 Reihen glatt rechts und danach im Hebemaschenmuster stricken. **Gleichzeitig** zur Formgebung 151 x in jeder Hinreihe am linken Rand 1 Masche betont zunehmen = 158 Maschen. Dann 68,5 cm = 260 Reihen ohne Zu- und Abnahmen arbeiten. Nun 151 x in jeder Hinreihe am linken Rand 1 Masche betont abnehmen = 7 Maschen. Die restlichen 7 Maschen abketten.

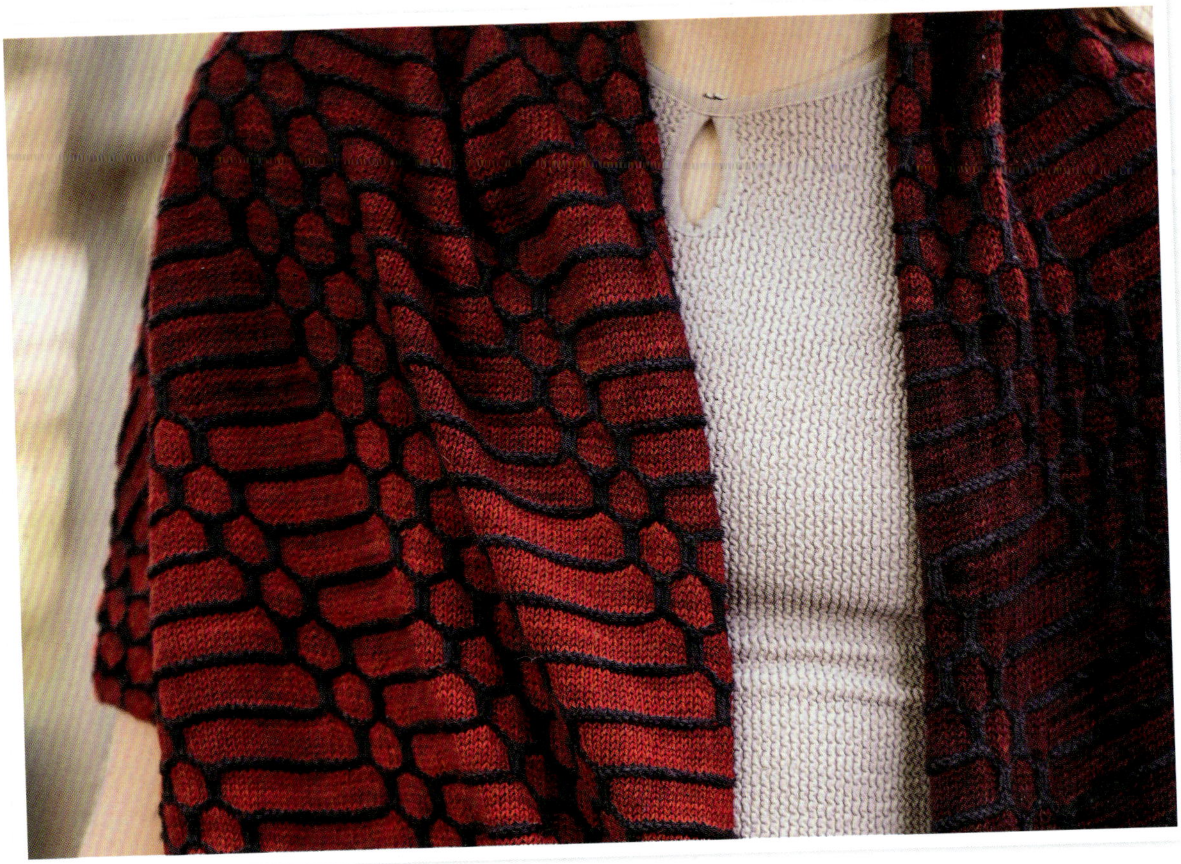

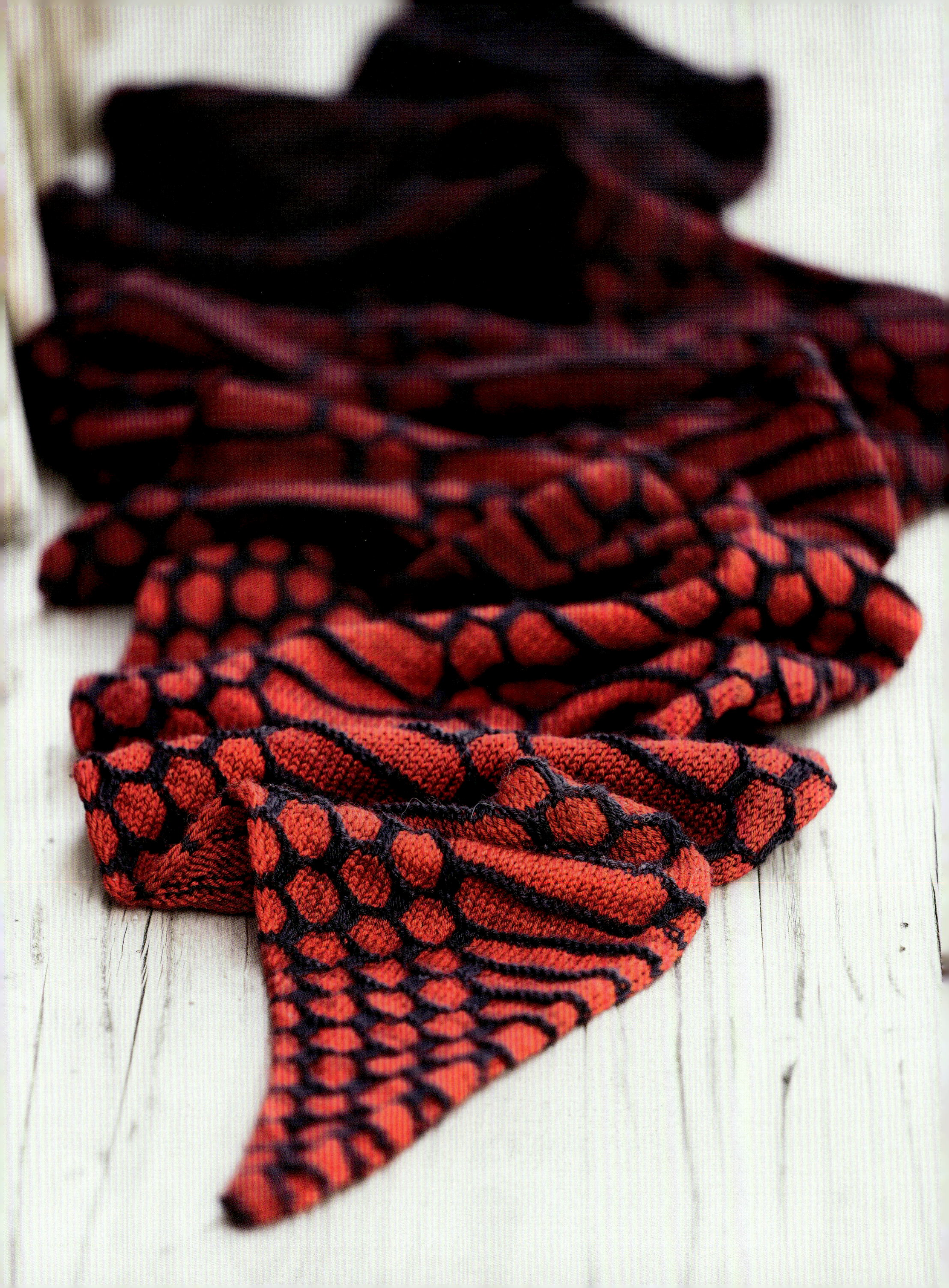

Strickschrift

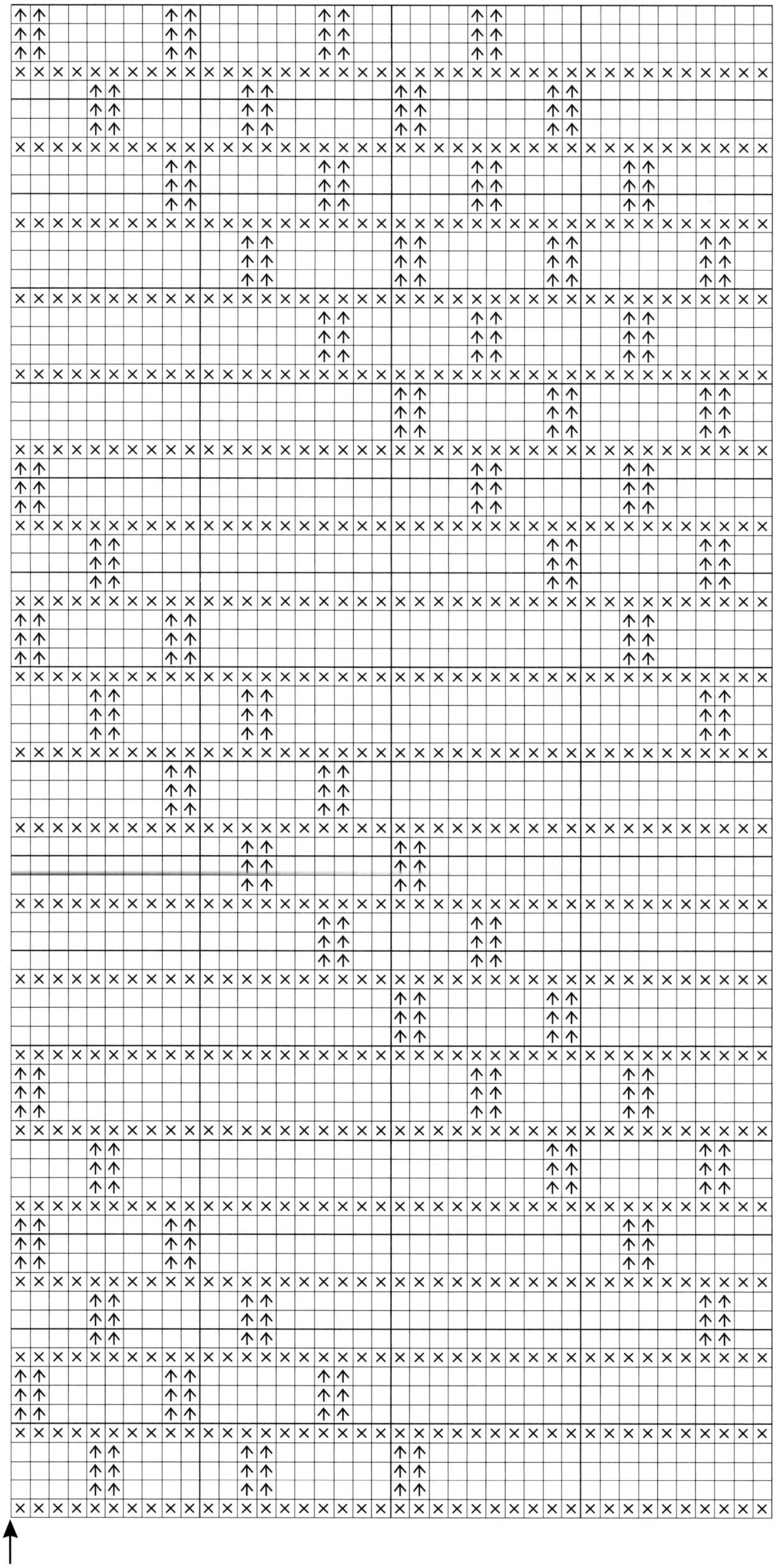

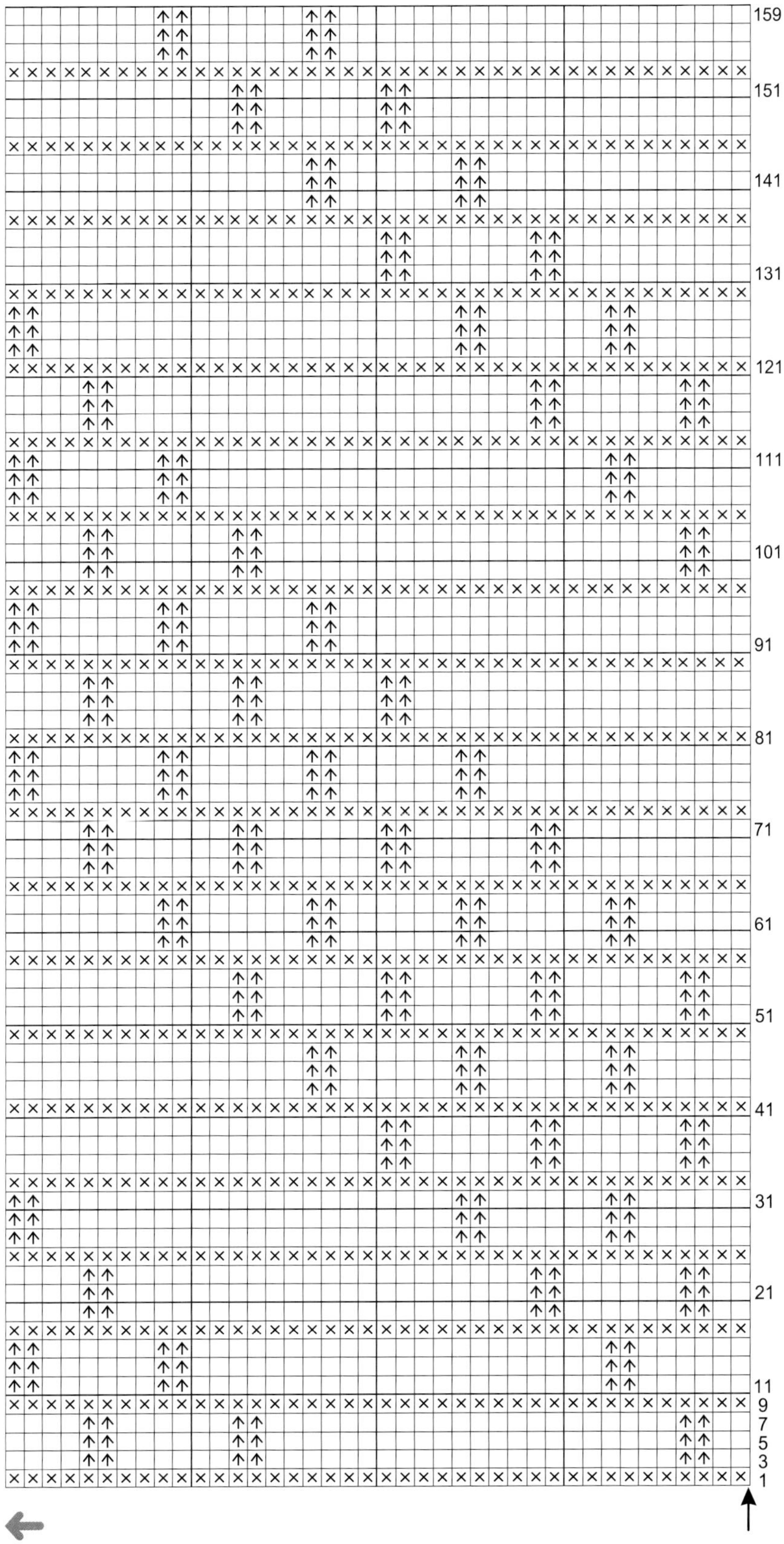

Die Strickschrift ist aus darstellungstechnischen Gründen senkrecht geteilt. Die Zeilen über die Buchmitte hinweg weiterlesen.

Zeichenerklärung

☐ = 1 Masche glatt rechts (in Hinreihen rechte Maschen, in Rückreihen linke Maschen stricken)

⊠ = 1 Masche kraus rechts (in Hin- und Rückreihen rechte Maschen stricken)

⇑ = 1 Masche wie zum Linksstricken abheben (in Hinreihen Faden hinter der Arbeit, in Rückreihen Faden vor der Arbeit)

Teegarten

Tuch mit Lochreihen

GRÖSSE
ca. 78 x 275 cm

MATERIAL
Schulana „Sayonara" (100 % Seide, Lauflänge ca. 150 m/50 g): 200 g Koralle (Fb 40)
Schulana „Sayonara-Print" (100 % Seide, Lauflänge ca. 150 m/50 g): 200 g Pink-Grün meliert (Fb 87)
1 Rundstricknadel Nr. 5
Maschenmarkierer

MUSTER
Kraus rechts
In Hin- und Rückreihen rechte Maschen stricken.

Glatt rechts
In Hinreihen rechte, in Rückreihen linke Maschen stricken.

Lochmuster
1. Reihe = Hinreihe: 3 Maschen I-Cord-Rand, alle Maschen rechts stricken, 3 Maschen I-Cord-Rand.
2. Reihe = Rückreihe: 3 Maschen I-Cord-Rand, alle Maschen rechts stricken, 3 Maschen I-Cord-Rand.
3. Reihe: 3 Maschen I-Cord-Rand, * 2 Maschen rechts zusammenstricken, 1 Umschlag, ab * bis 2 Maschen vor der Mittelmasche stets wiederholen, 2 Maschen rechts, 1 Umschlag, 1 Masche rechts = Mittelmasche, 1 Umschlag, 1 Masche rechts, ** 2 Maschen rechts zusammenstricken, 1 Umschlag, ab ** bis 4 Maschen vor Reihenende stets wiederholen, 1 Masche rechts, 3 Maschen I-Cord-Rand.
4. Reihe: 3 Maschen I-Cord-Rand, alle Maschen und Umschläge rechts stricken, 3 Maschen I-Cord-Rand.

I-Cord-Rand
Die ersten 3 Maschen jeder Reihe rechts stricken, die letzten 3 Maschen jeder Reihe wie zum Linksstricken abheben (Faden vor der Arbeit).

Unsichtbares Fadenmitnehmen
Am Reihenanfang der Hinreihe auf der Rückseite der Arbeit den nicht in Arbeit befindlichen Faden über den Arbeitsfaden legen.

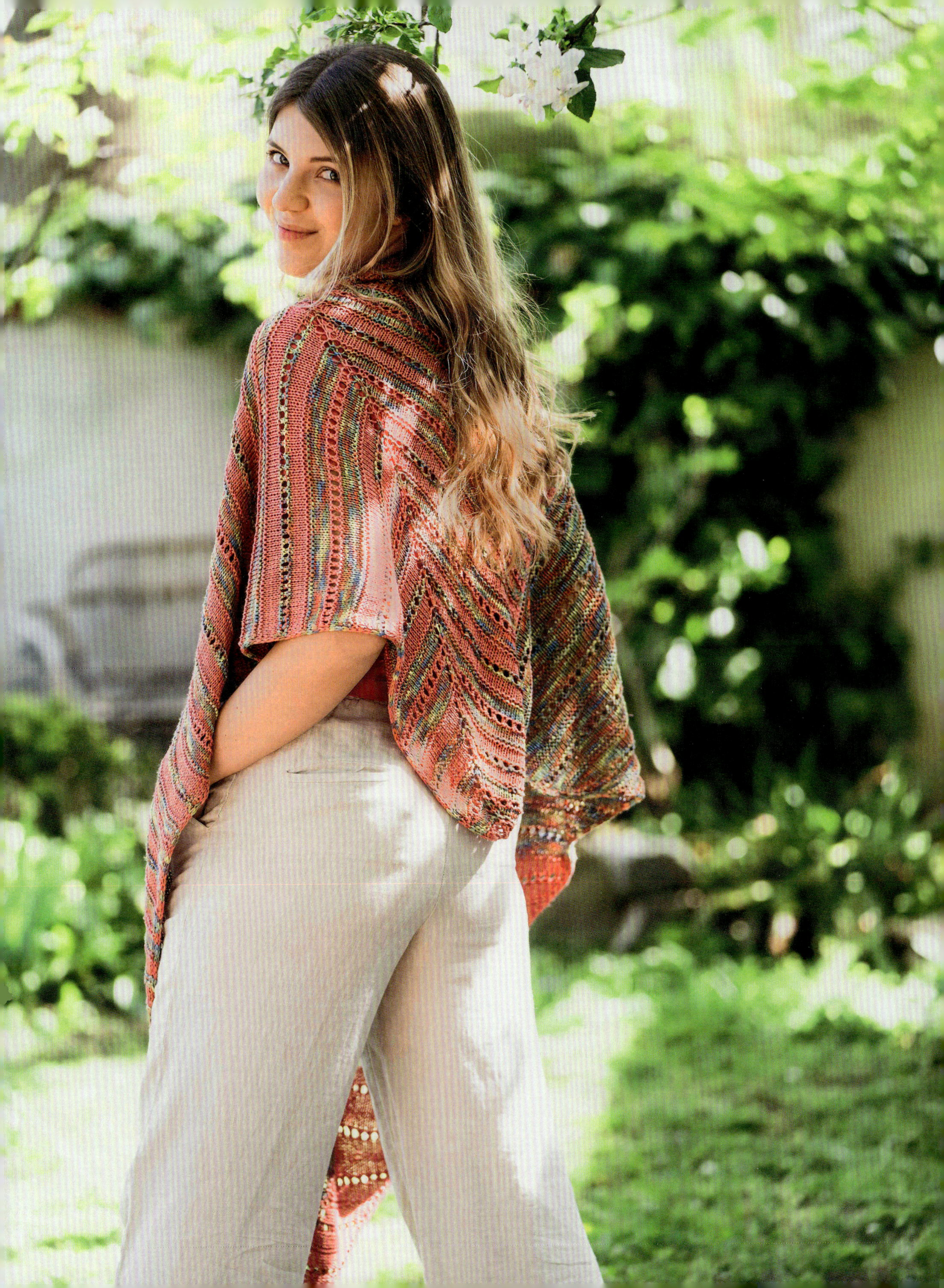

Muster- und Streifenfolge A (Quadrat und linkes Tuchende)
8 Reihen glatt rechts in Koralle, * 2 Reihen kraus rechts in Koralle, 2 Reihen kraus rechts und 4 Reihen glatt rechts in Pink-Grün meliert, 4 Reihen Lochmuster in Koralle, 4 Reihen glatt rechts und 2 Reihen kraus rechts in Pink-Grün meliert, 2 Reihen kraus rechts und 4 Reihen glatt rechts in Koralle, 4 Reihen Lochmuster in Pink-Grün meliert, 4 Reihen glatt rechts in Koralle, ab * stets wiederholen, dabei jeweils die ersten und letzten 3 Maschen als I-Cord-Rand stricken.

Musterfolge B (rechtes Tuchende)
* 4 Reihen glatt rechts, 4 Reihen Lochmuster, 4 Reihen glatt rechts, 4 Reihen kraus rechts, ab * stets wiederholen, dabei jeweils die ersten und letzten 3 Maschen als I-Cord-Rand stricken.

Betonte Abnahmen
Am rechten Rand: 3 Maschen I-Cord-Rand, 2 Maschen rechts überzogen zusammenstricken (= 1 Masche wie zum Rechtsstricken abheben, 1 Masche rechts stricken, dann die abgehobene Masche überziehen).
Am linken Rand: Bis zu den letzten 5 Maschen mustergemäß stricken. 2 Maschen rechts zusammenstricken, 3 Maschen I-Cord-Rand.

MASCHENPROBE

Musterfolge: 22 Maschen und 40 Reihen = 10 x 10 cm

ANLEITUNG

Mit dem **mittleren Quadrat** beginnen: 7 Maschen mit Nadeln Nr. 5 in Koralle anschlagen und in der 1. Reihe = Rückreihe Maschen wie folgt einteilen: 3 Maschen I-Cord-Rand, 1 Masche glatt rechts, 3 Maschen I-Cord-Rand.
Die Mittelmasche markieren und Markierung mitführen. In der Muster- und Streifenfolge A weiterarbeiten und zur Formgebung 85 x in jeder Hinreihe beidseits der Mittelmasche je 1 Umschlag arbeiten und diesen in der folgenden Rückreihe mustergemäß stricken = 177 Maschen. In der letzten Rückreihe die mittlere Masche verdoppeln (= 1 Masche rechts, 1 Masche rechts verschränkt in 1 Masche arbeiten) = 178 Maschen. Maschen stilllegen, Fäden abschneiden.

Nun für das **rechte Tuchende** aus dem rechten seitlichen Rand (= I-Cord-Rand) 85 Maschen in Pink-Grün meliert so auffassen, dass auf der Vorderseite 2 der 3 I-Cord-Randmaschen oben liegen. Dann über die ersten 89 stillgelegten Maschen wie folgt stricken: 2 Maschen rechts zusammenstricken, 2 Maschen rechts überzogen zusammenstricken, 82 Maschen rechts, 3 Maschen-Cord-Rand = 172 Maschen. In der folgenden Rückreihe zwischen den I-Cord-Rändern alle Maschen rechts stricken.
Die Mitte markieren und Markierung mitführen. Zwischen den I-Cord-Rändern in Musterfolge B weiterarbeiten, dabei über die ersten 86 Maschen in Pink-Grün
meliert und über die zweiten 86 Maschen in Koralle arbeiten. Beim Farbwechsel in jeder Reihe die Fäden auf der Rückseite der Arbeit miteinander verkreuzen, damit keine Löcher entstehen.
Zur Formgebung in jeder 2. Reihe = Hinreihe beidseitig je 1 Masche betont abnehmen und **gleichzeitig** in jeder 4. Reihe = Hinreihe 1 Masche vor der Mitte und 1 Masche nach der Mitte je 1 Umschlag arbeiten. Diese Ab- und Zunahmen insgesamt 39 x arbeiten = 8 Maschen. Dabei nach 62 Reihen in Musterfolge B die Farben tauschen, also nun über die ersten Maschen in Koralle und über die letzten Maschen in Pink-Grün meliert stricken. Die restlichen 8 Maschen abketten.

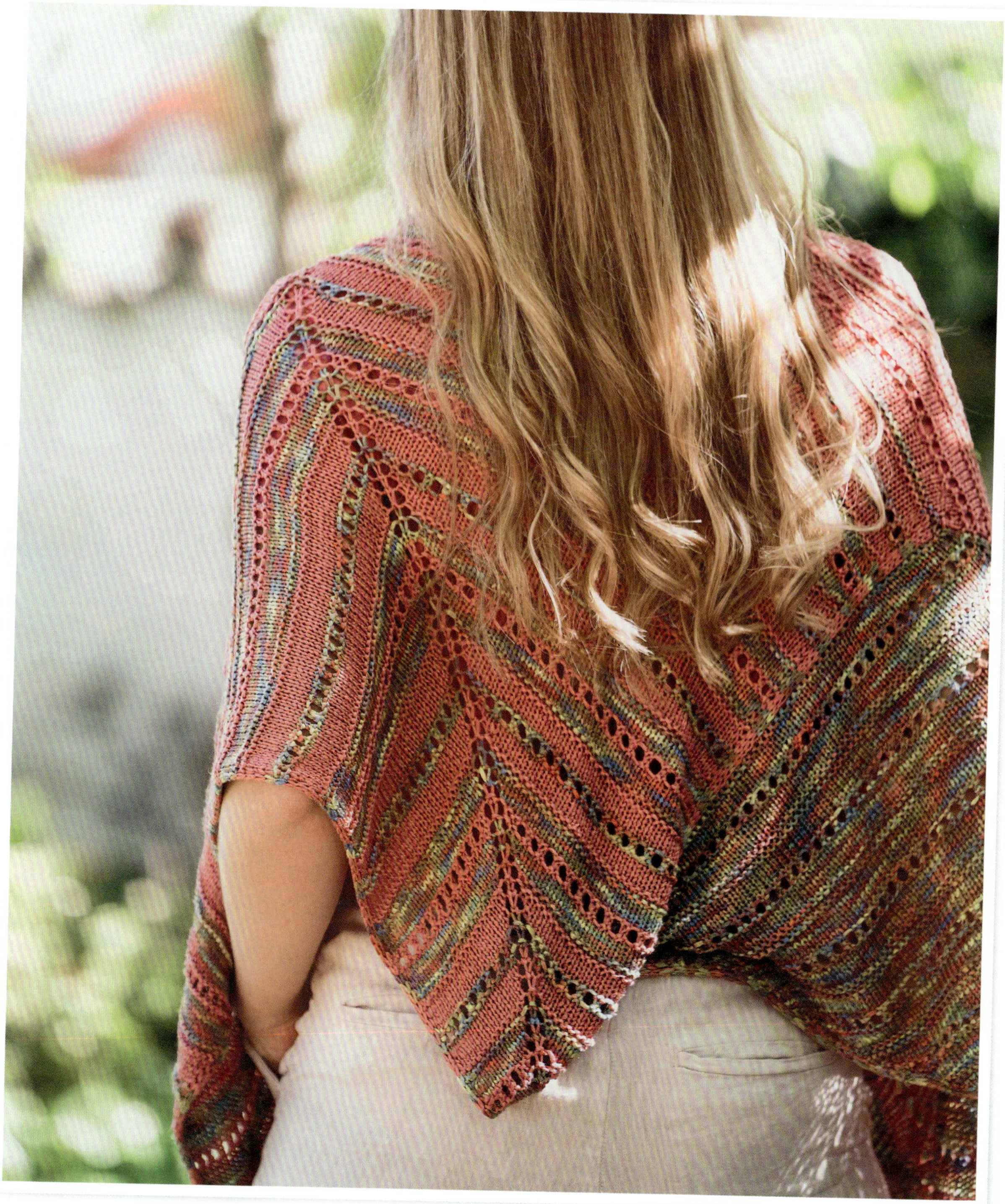

Nun für das **linke Tuchende** über die stillgelegten 89 Maschen des Quadrats weiterarbeiten, dabei zwischen den I-Cord-Rändern die Muster- und Streifenfolge A fortsetzen und beidseitig 1 x in der 9. Reihe, dann 39 x in jeder 8. Reihe je 1 Masche betont abnehmen = 9 Maschen. Die restlichen 9 Maschen abketten.

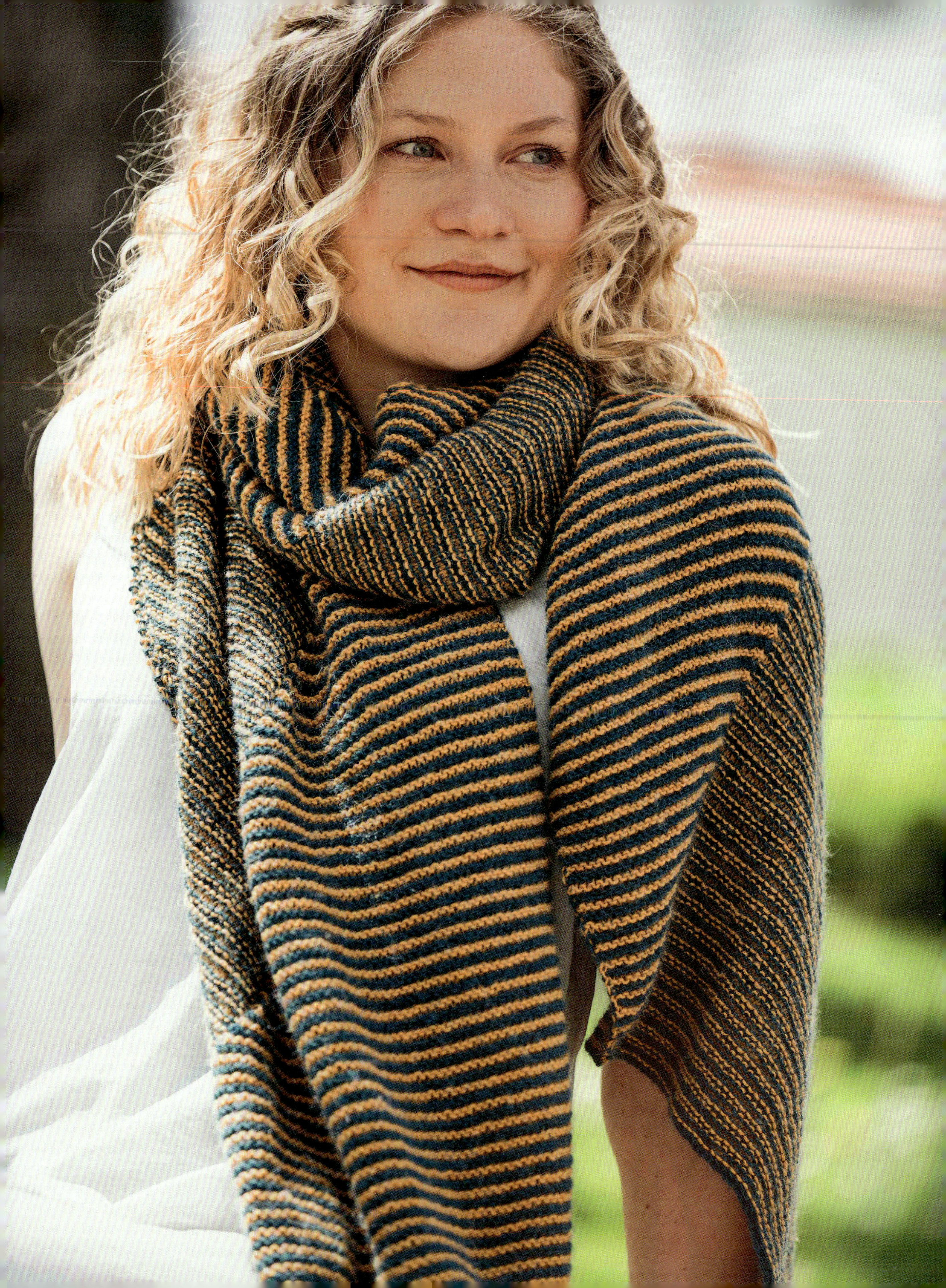

Broken Line

Stola

GRÖSSE
45 x 185 cm

MATERIAL
Lana Grossa „Ecopuno" (72 % Baumwolle, 17 % Schurwolle, 11 % Alpaka, Lauflänge ca. 215 m/50 g): je 150 g Dunkelpetrol (Fb 37) und Gelborange (Fb 33)
Stricknadeln Nr. 4

MUSTER
Kraus rechts
In Hin- und Rückreihen rechte Maschen stricken.

Kraus links
In Hin- und Rückreihen linke Maschen stricken.

Streifenfolge
2 Reihen Gelborange, 2 Reihen Dunkelpetrol im Wechsel.

Betonte Zunahmen
Am rechten Rand: Randmasche, 1 Umschlag.
Am linken Rand: Bis zur letzten Masche mustergemäß stricken. 1 Umschlag, Randmasche.

MASCHENPROBE
Kraus rechts bzw. links: 22 Maschen und 38 Reihen = 10 x 10 cm

ANLEITUNG
100 Maschen mit Nadeln Nr. 4 in Dunkelpetrol anschlagen und kraus rechts stricken, mit einer Rückreihe beginnen. In der Hinreihe vor der letzten Masche eine Markierung einfügen und wie folgt arbeiten: 98 x in jeder Hinreihe bis 2 Maschen vor der Markierung stricken, dann 2 Maschen rechts zusammenstricken. **Gleichzeitig** am linken Rand betonte Zunahmen arbeiten und über die Maschen nach der Markierung kraus links stricken. Dadurch verringert sich die Maschenzahl der kraus-rechten Maschen und erhöht sich die Maschenzahl der kraus-linken Maschen.

Dann 98 x in jeder Hinreihe am rechten Rand betonte Zunahmen arbeiten und die Maschen bis zur Markierung kraus rechts stricken. Die 2 Maschen nach der Markierung links zusammenstricken und über die Maschen nach der Markierung kraus links stricken. Dadurch erhöht sich die Maschenzahl der kraus-rechten Maschen und verringert sich die Maschenzahl der kraus-linken Maschen.

Danach 98 x in jeder Hinreihe bis 2 Maschen vor der Markierung kraus rechts stricken, dann 2 Maschen rechts zusammenstricken. **Gleichzeitig** am linken Rand betonte Zunahmen arbeiten und über die Maschen nach der Markierung kraus links stricken. Dadurch verringert sich die Maschenzahl der kraus-rechten Maschen und erhöht sich die Maschenzahl der kraus-linken Maschen. Maschen abketten.

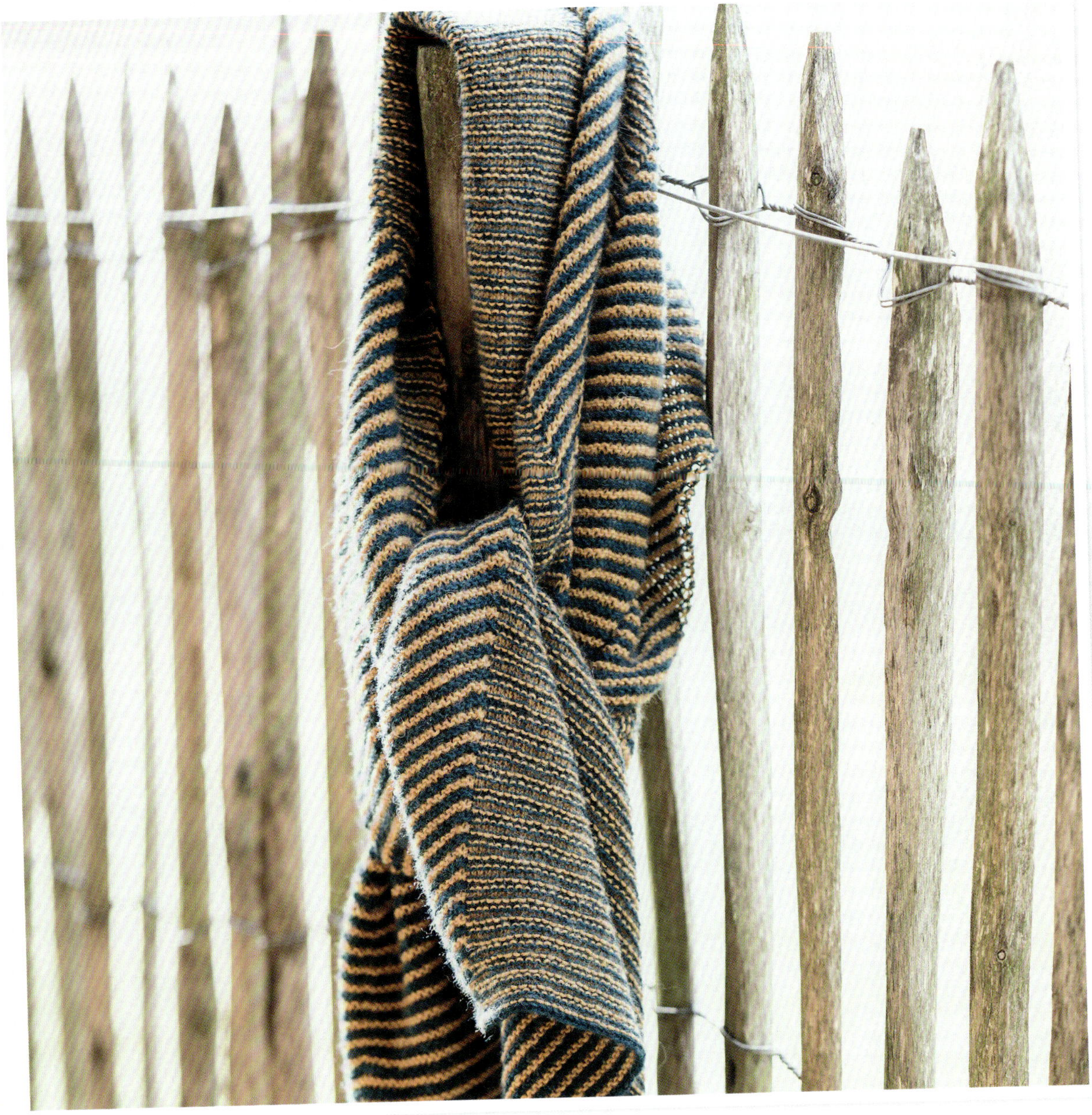

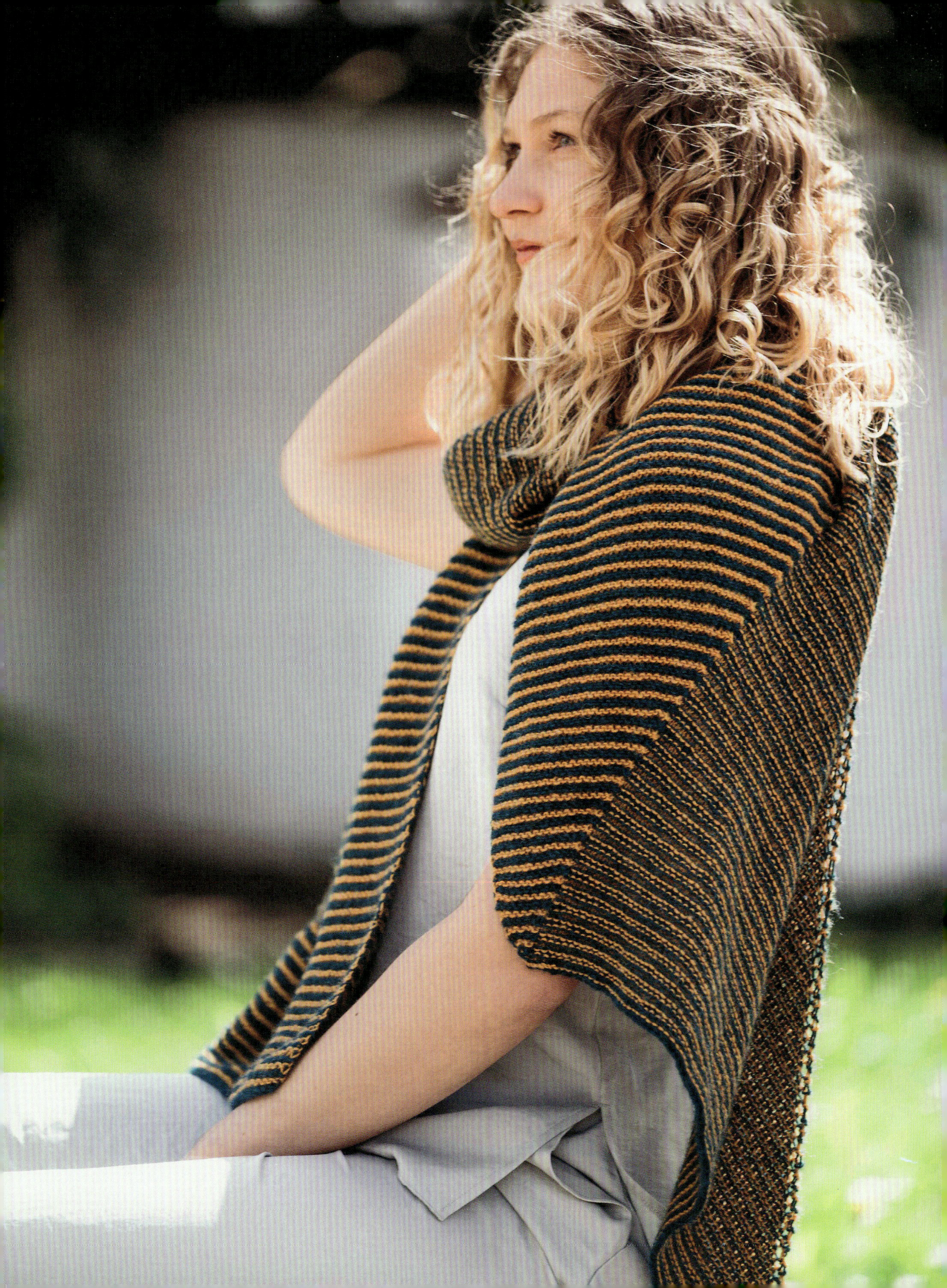

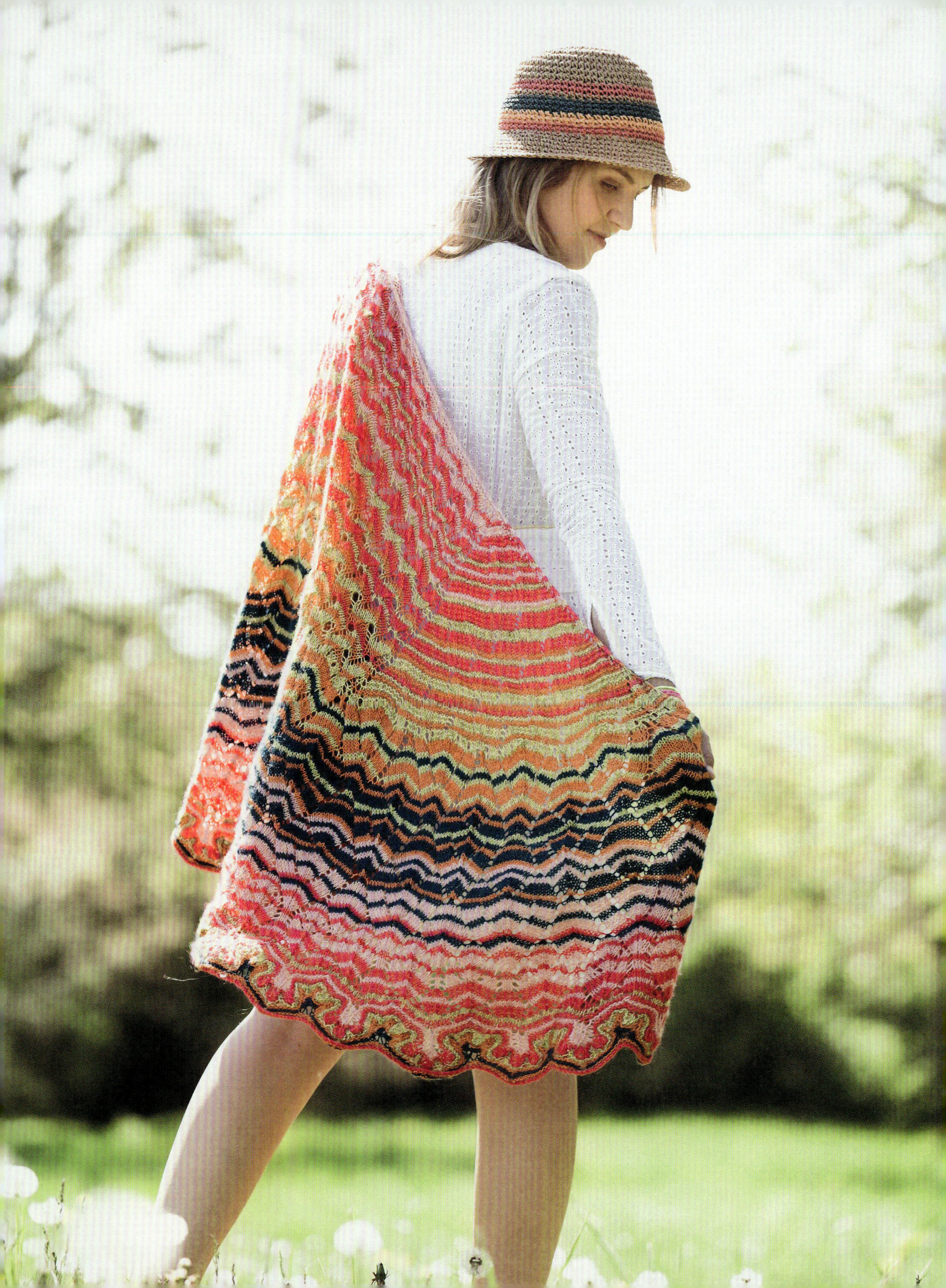

Boho

Halbrundes Tuch

GRÖSSE
76 x 210 cm

MATERIAL
Lana Grossa „Ecopuno" (72 % Baumwolle, 17 % Schurwolle, 11 % Alpaka, Lauflänge ca. 215 m/50 g): je 100 g Pfirsich (Fb 7), Himbeer (Fb 36), Jaffaorange (Fb 5), Dunkelpetrol (Fb 37) und Gelbgrün (Fb 3)
1 Rundstricknadel Nr. 4,5

MUSTER
Kraus rechts
In Hin- und Rückreihen rechte Maschen stricken.

Ajourmuster
Maschenzahl teilbar durch 14. Nach Strickschrift A arbeiten. Es sind Hin- und Rückreihen gezeichnet. Die Maschen sind gezeichnet, wie sie gestrickt werden. Mit den Maschen vor dem Rapport beginnen, den mit einem Rahmen gekennzeichneten Rapport von 14 Maschen stets wiederholen (auch beidseitig fortlaufend sobald ein kompletter Rapport gestrickt werden kann, solange kein kompletter Rapport erreicht ist, über die zugenommenen Maschen kraus rechts stricken) und mit den Maschen nach dem Rapport enden. 1 x die 1.–28. Reihe, dann 3 x die 13.–28. Reihe und 1 x die 13.–20. Reihe arbeiten = 84 Reihen.

Zickzackmuster
Maschenzahl teilbar durch 8 + 1. Nach Strickschrift B arbeiten. Es sind die Hin- und Rückreihen gezeichnet. Die Maschen sind gezeichnet, wie sie gestrickt werden. Mit den Maschen vor dem rechten Pfeil beginnen, den Rapport von 8 Maschen zwischen den Pfeilen stets wiederholen und mit den Maschen nach dem linken Pfeil enden. 7 x die 1.–12. Reihe arbeiten = 84 Reihen.

Rautenmuster
Maschenzahl teilbar durch 29. Nach Strickschrift C arbeiten. Es sind nur die Hinreihen gezeichnet, in den Rückreihen alle Maschen und Umschläge links stricken. Den Rapport von 29 Maschen zwischen den Pfeilen stets wiederholen. 1 x die 1.–92. Reihe arbeiten.

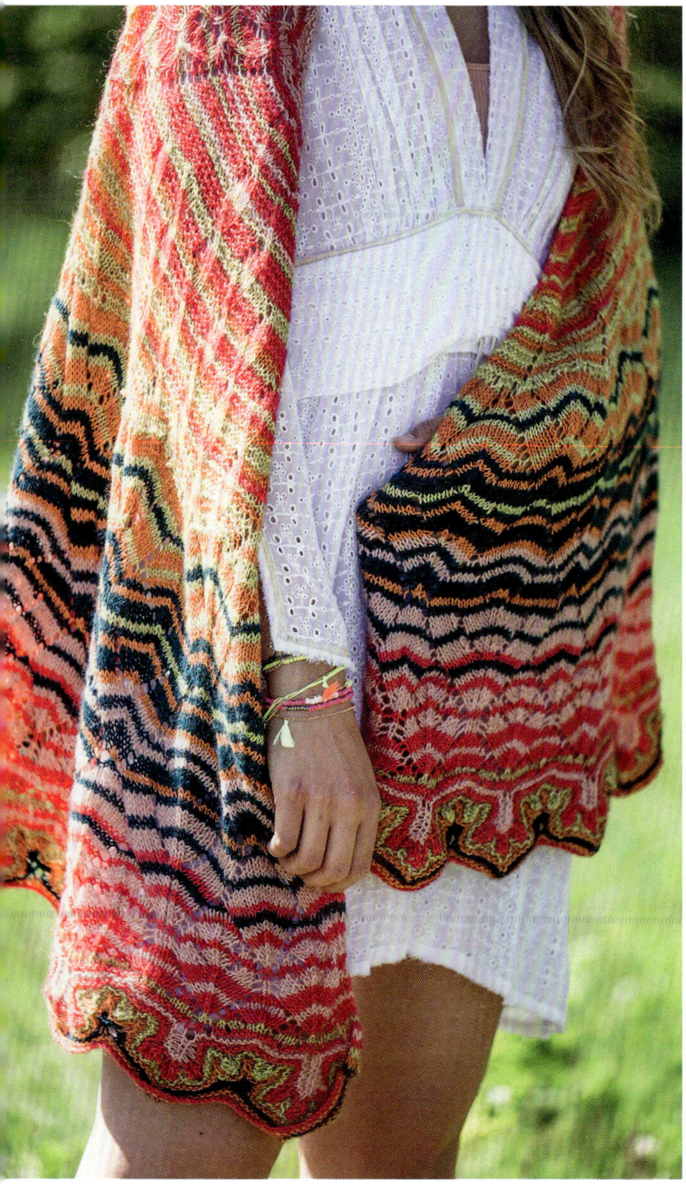

Fox-Paw-Muster

Maschenzahl teilbar durch 20 + 1. Nach Strickschrift D arbeiten. Es sind die Hin- und Rückreihen gezeichnet. Die Maschen sind gezeichnet, wie sie gestrickt werden. Mit den Maschen vor dem rechten Pfeil beginnen, den Rapport von 20 Maschen zwischen den Pfeilen stets wiederholen und mit den Maschen nach dem linken Pfeil enden. 1 x die 1.–12. Reihe arbeiten.

I-Cord-Rand

Die ersten 3 Maschen jeder Reihe rechts stricken, die letzten 3 Maschen jeder Reihe wie zum Linksstricken abheben (Faden vor der Arbeit).

Unsichtbares Fadenmitnehmen

Am Reihenanfang der Hinreihe auf der Rückseite der Arbeit die nicht in Arbeit befindlichen Fäden über den Arbeitsfaden legen.

Streifenfolge

2 Reihen Pfirsich, 2 Reihen Himbeer, 4 Reihen Pfirsich, 4 Reihen Himbeer, 2 Reihen Pfirsich, 4 Reihen Himbeer, 2 Reihen Gelbgrün, 2 Reihen Himbeer, 2 Reihen Pfirsich, 2 Reihen Himbeer, 2 Reihen Gelbgrün, 4 Reihen Himbeer, 2 Reihen Pfirsich, 2 Reihen Gelbgrün, 6 Reihen Himbeer, 4 Reihen Gelbgrün, 4 Reihen Pink, 2 Reihen Jaffaorange, 2 Reihen Gelbgrün, 4 Reihen Himbeer, 2 Reihen Gelbgrün, 2 Reihen Himbeer, 2 Reihen Jaffaorange, 4 Reihen Gelbgrün, 2 Reihen Jaffaorange, 2 Reihen Himbeer, 2 Reihen Gelbgrün, 2 Reihen Jaffaorange, 4 Reihen Gelbgrün, 2 Reihe Jaffaorange, 4 Reihen Gelbgrün, 4 Reihen Jaffaorange, 2 Reihen Gelbgrün, 2 Reihen Dunkelpetrol, 2 Reihen Gelbgrün, 4 Reihen Jaffaorange, 2 Reihen Gelbgrün, 2 Reihen Jaffaorange, 2 Reihen Dunkelpetrol, 2 Reihen Jaffaorange, 4 Reihen Dunkelpetrol, 2 Reihen Gelbgrün, 2 Reihen Dunkelpetrol, 2 Reihen Jaffaorange, 4 Reihen Dunkelpetrol, 2 Reihen Jaffaorange, 2 Reihen Pfirsich, 2 Reihen Dunkelpetrol, 2 Reihen Pfirsich, 4 Reihen Dunkelpetrol, 2 Reihen Jaffaorange, 2 Reihen Dunkelpetrol, 4 Reihen Pfirsich, 2 Reihen Dunkelpetrol, 4 Reihen Pfirsich, 2 Reihen Himbeer, 2 Reihen Dunkelpetrol, 2 Reihen Pfirsich, 2 Reihen Himbeer, 4 Reihen Pfirsich, 2 Reihen Himbeer, 4 Reihen Pfirsich, 4 Reihen Himbeer, 2 Reihen Pfirsich, 4 Reihen Himbeer, 2 Reihen Gelbgrün, 2 Reihen Himbeer, 2 Reihen Pfirsich, 2 Reihen Himbeer, 2 Reihen Gelbgrün, 2 Reihen Jaffa-

orange, 2 Reihen Dunkelpetrol, 2 Reihen Jaffa-orange, 2 Reihen Himbeer = 194 Reihen.

MASCHENPROBEN

Ajourmuster: 15 Maschen und 32 Reihen = 10 x 10 cm
Zickzackmuster: 16 Maschen und 26 Reihen = 10 x 10 cm
Rautenmuster: 19,5 Maschen und 25 Reihen = 10 x 10 cm

ANLEITUNG

Das Tuch besteht anfangs aus 2 seitlichen Dreiecken und 1 mittleren Rechteck.

Für den dreiseitigen Maschenanschlag 3 Maschen mit Nadeln Nr. 4,5 in Pfirsich anschlagen und rechts stricken. * Arbeit nicht wenden, sondern die Maschen an das andere Ende der Stricknadel schieben und erneut rechts stricken. Ab * stets wiederholen. Nach der 96. Reihe die Arbeit nicht wenden, sondern um 90° im Uhrzeigersinn drehen. Nun aus dem linken seitlichen Rand aus jeder Reihe je 1 Masche auffassen und zusätzlich noch 3 Maschen aus der Anschlagsreihe auffassen (3 + 95 + 3 = 101 Maschen). In der folgenden Rückreihe wie folgt stricken: 98 Maschen rechts, 3 Maschen abheben (Faden vor der Arbeit).
Nun in der Streifenfolge weiterarbeiten und Maschen wie folgt einteilen: 3 Maschen I-Cord-Rand, 2 Maschen Ajourmuster, 1 Masche kraus rechts, 89 Maschen Zickzackmuster, 1 Masche kraus rechts, 2 Maschen Ajourmuster, 3 Maschen I-Cord-Rand. Durch die in der Strickschrift des Ajourmusters eingezeichneten Zunahmen erhöht sich die Maschenzahl in jeder Hinreihe um 4 Maschen. Die Zunahmen fortlaufend arbeiten, dadurch ergeben sich nach 84 Reihen ab Mascheneinteilung = 269 Maschen.

Nun zwischen den I-Cord-Rändern 2 Reihen kraus rechts stricken, dabei in der 1. Reihe gleichmäßig verteilt 71 Maschen und in der 2. Reihe gleichmäßig verteilt 72 Maschen zunehmen = 412 Maschen. Danach 92 Reihen zwischen den I-Cord-Rändern im Rautenmuster stricken. Dann zwischen den I-Cord-Rändern 2 Reihen kraus rechts stricken, dabei in der 1. Reihe gleichmäßig verteilt 48 Maschen und in der 2. Reihe gleichmäßig verteilt 47 Maschen zunehmen = 507 Maschen.
Nun 12 Reihen im Fox-Paw-Muster stricken. Danach zwischen den I-Cord-Rändern 2 Reihen kraus rechts stricken, dabei in der 2. Reihe = Rückreihe alle Maschen rechts abketten.

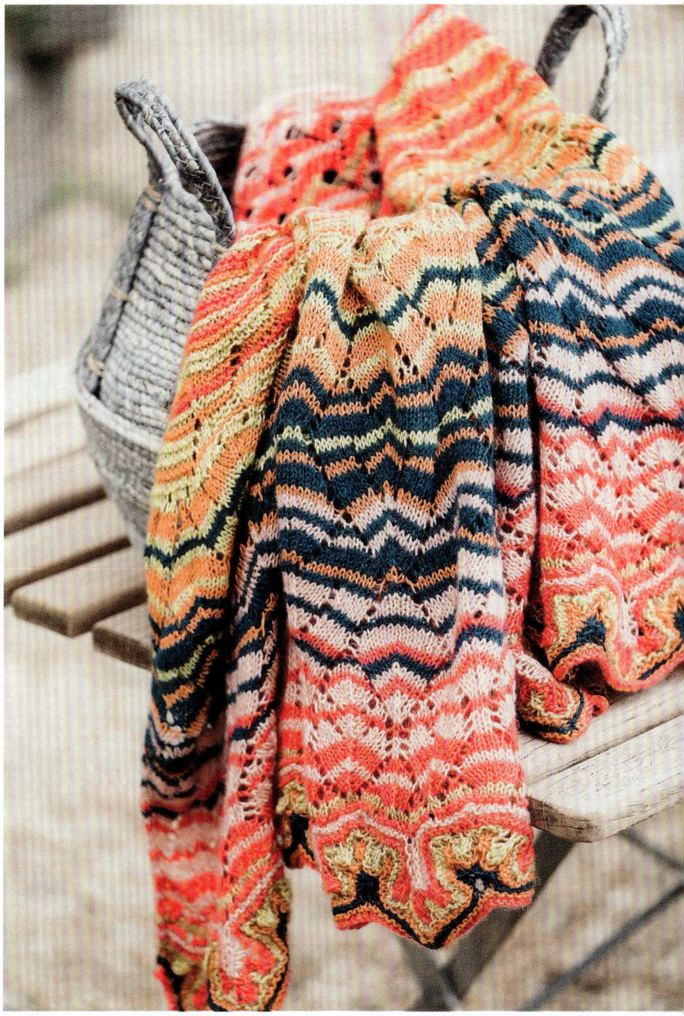

Strickschrift A

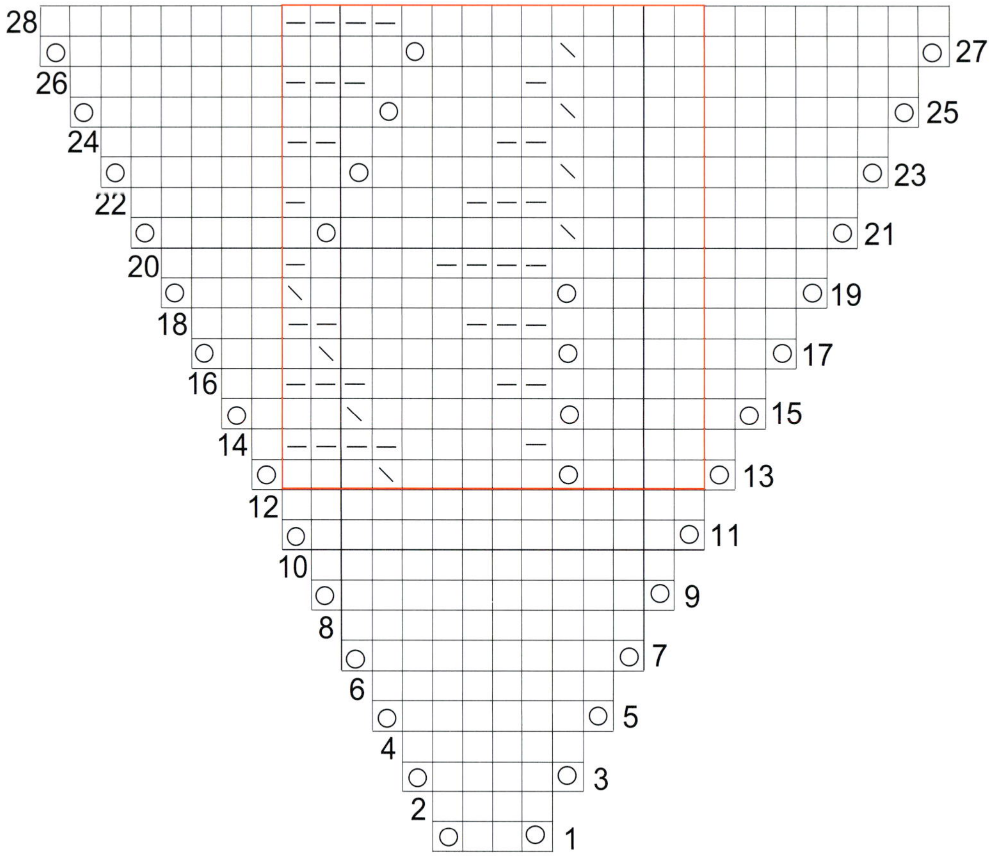

Strickschrift B

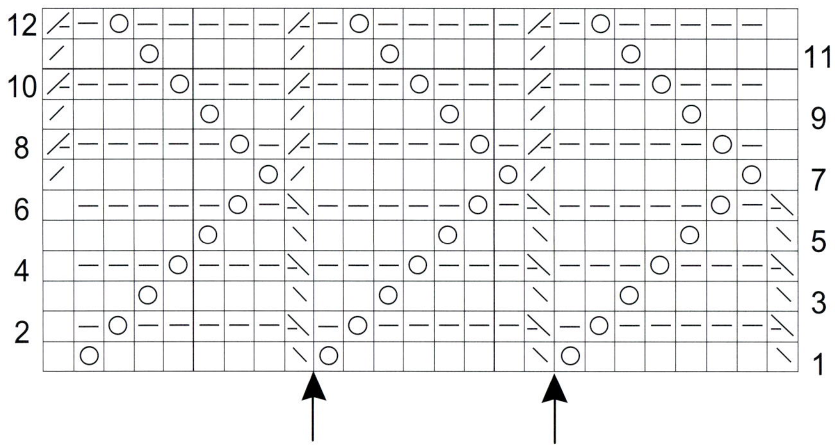

Zeichenerklärung

 = ohne Bedeutung, Masche nicht vorhanden

 = 1 Masche rechts

 = 1 Masche links

 = 1 Umschlag

 = 2 Maschen rechts zusammenstricken

 = 2 Maschen rechts überzogen zusammenstricken (= 1 Masche wie zum Rechtsstricken abheben, 1 Masche rechts stricken, dann die abgehobene Masche überziehen)

 = 2 Maschen links zusammenstricken

 = 2 Maschen links verschränkt zusammenstricken

 = 3 Maschen rechts zusammenstricken

+3 = 3 Maschen aus 1 Masche herausstricken (= 1 Masche rechts, 1 Masche links im Wechsel)

+7 = 7 Maschen aus 1 Masche herausstricken, dafür zuerst * 3 Maschen aus 1 Masche herausstricken (= 1 Masche rechts, 1 U, 1 Masche rechts), die letzten 2 Maschen dieser herausgestrickten Maschen wieder auf die linke Nadel nehmen, ab * 3 x arbeiten = 7 Maschen; die folgenden 3 Maschen der linken Nadel, die herausgestrickt wurden, rechts stricken

+9 = 9 Maschen aus 1 Masche herausstricken, dafür zuerst * 3 Maschen aus 1 Masche herausstricken (= 1 Masche rechts, 1 U, 1 Masche rechts), die letzten 2 Maschen dieser herausgestrickten Maschen wieder auf die linke Nadel nehmen, ab * 4 x arbeiten = 9 Maschen; die folgenden 4 Maschen der linken Nadel, die herausgestrickt wurden, rechts stricken

+11 = 11 Maschen aus 1 Masche herausstricken, dafür zuerst * 3 Maschen aus 1 Masche herausstricken (= 1 Masche rechts, 1 U, 1 Masche rechts), die letzten 2 Maschen dieser herausgestrickten Maschen wieder auf die linke Nadel nehmen, ab * 5 x arbeiten = 11 Maschen; die folgenden 5 Maschen der linken Nadel, die herausgestrickt wurden, rechts stricken

-5 = 5 Maschen rechts zusammenstricken, dafür 3 Maschen rechts zusammenstricken, * 1 Masche der rechten Nadel wieder auf die linke Nadel legen, 2 Maschen rechts zusammenstricken, ab * 2 x arbeiten

-6 = 6 Maschen rechts zusammenstricken, dafür 3 Maschen rechts zusammenstricken, * 1 Masche der rechten Nadel wieder auf die linke Nadel legen, 2 Maschen rechts zusammenstricken, ab * 3 x arbeiten

-7 = 7 Maschen rechts zusammenstricken, dafür zuerst die folgende Masche rechts stricken, 5 Maschen rechts zusammenstricken, 2 Maschen der rechten Nadel wieder auf die linke Nadel legen, 3 Maschen rechts zusammenstricken

-9 = 9 Maschen rechts zusammenstricken, dafür zuerst die folgenden 2 Maschen rechts stricken, * 5 Maschen rechts zusammenstricken, 2 Maschen der rechten Nadel wieder auf die linke Nadel legen, 3 Maschen rechts zusammenstricken, ab * 2 x arbeiten

-11 = 11 Maschen rechts zusammenstricken, dafür zuerst die folgenden 3 Maschen rechts stricken, * 5 Maschen rechts zusammenstricken, 2 Maschen der rechten Nadel wieder auf die linke Nadel legen, 3 Maschen rechts zusammenstricken, ab * 3 x arbeiten

Strickschrift C

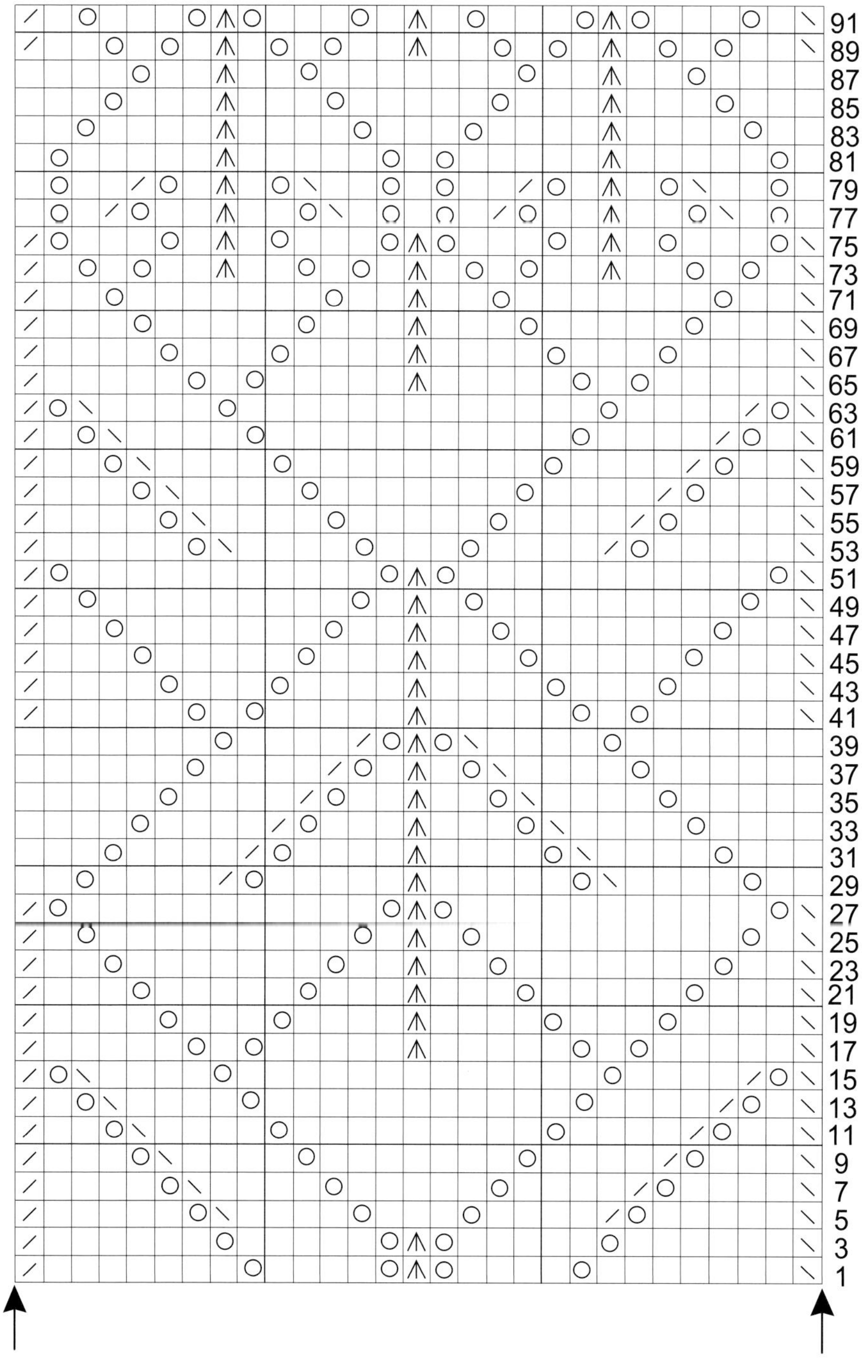

Die Strickschrift ist aus darstellungstechnischen Gründen senkrecht geteilt. Die Zeilen über die Buchmitte hinweg weiterlesen.

Strickschrift D

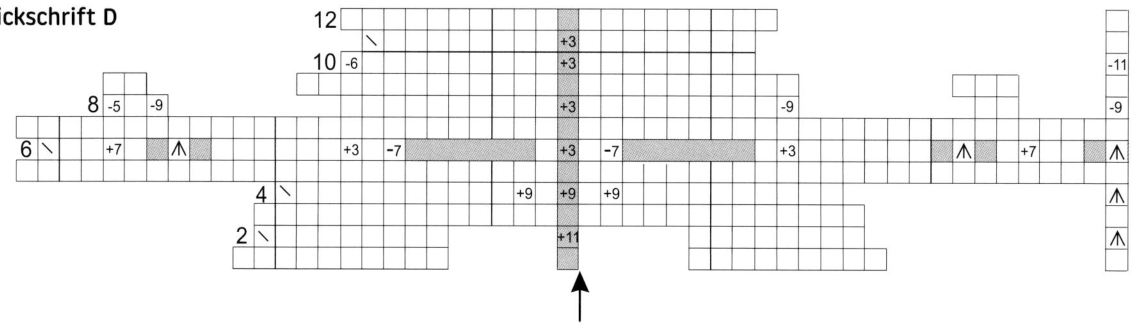

Zeichenerklärung

▒ = ohne Bedeutung, Masche nicht vorhanden

□ = 1 Masche rechts

⊟ = 1 Masche links

⊡ = 1 Umschlag

⧄ = 2 Maschen rechts zusammenstricken

⧅ = 2 Maschen rechts überzogen zusammenstricken (= 1 Masche wie zum Rechtsstricken abheben, 1 Masche rechts stricken, dann die abgehobene Masche überziehen)

⧄ = 2 Maschen links zusammenstricken

⧅ = 2 Maschen links verschränkt zusammenstricken

⩚ = 3 Maschen rechts zusammenstricken

+3 = 3 Maschen aus 1 Masche herausstricken (= 1 Masche rechts, 1 Masche links im Wechsel)

+7 = 7 Maschen aus 1 Masche herausstricken, dafür zuerst * 3 Maschen aus 1 Masche herausstricken (= 1 Masche rechts, 1 U, 1 Masche rechts), die letzten 2 Maschen dieser herausgestrickten Maschen wieder auf die linke Nadel nehmen, ab * 3 x arbeiten = 7 Maschen; die folgenden 3 Maschen der linken Nadel, die herausgestrickt wurden, rechts stricken

+9 = 9 Maschen aus 1 Masche herausstricken, dafür zuerst * 3 Maschen aus 1 Masche herausstricken (= 1 Masche rechts, 1 U, 1 Masche rechts), die letzten 2 Maschen dieser herausgestrickten Maschen wieder auf die linke Nadel nehmen, ab * 4 x arbeiten = 9 Maschen; die folgenden 4 Maschen der linken Nadel, die herausgestrickt wurden, rechts stricken

+11 = 11 Maschen aus 1 Masche herausstricken, dafür zuerst * 3 Maschen aus 1 Masche herausstricken (= 1 Masche rechts, 1 U, 1 Masche rechts), die letzten 2 Maschen dieser herausgestrickten Maschen wieder auf die linke Nadel nehmen, ab * 5 x arbeiten = 11 Maschen; die folgenden 5 Maschen der linken Nadel, die herausgestrickt wurden, rechts stricken

-5 = 5 Maschen rechts zusammenstricken, dafür 3 Maschen rechts zusammenstricken, * 1 Masche der rechten Nadel wieder auf die linke Nadel legen, 2 Maschen rechts zusammenstricken, ab * 2 x arbeiten

-6 = 6 Maschen rechts zusammenstricken, dafür 3 Maschen rechts zusammenstricken, * 1 Masche der rechten Nadel wieder auf die linke Nadel legen, 2 Maschen rechts zusammenstricken, ab * 3 x arbeiten

-7 = 7 Maschen rechts zusammenstricken, dafür zuerst die folgende Masche rechts stricken, 5 Maschen rechts zusammenstricken, 2 Maschen der rechten Nadel wieder auf die linke Nadel legen, 3 Maschen rechts zusammenstricken

-9 = 9 Maschen rechts zusammenstricken, dafür zuerst die folgenden 2 Maschen rechts stricken, * 5 Maschen rechts zusammenstricken, 2 Maschen der rechten Nadel wieder auf die linke Nadel legen, 3 Maschen rechts zusammenstricken, ab * 2 x arbeiten

-11 = 11 Maschen rechts zusammenstricken, dafür zuerst die folgenden 3 Maschen rechts stricken, * 5 Maschen rechts zusammenstricken, 2 Maschen der rechten Nadel wieder auf die linke Nadel legen, 3 Maschen rechts zusammenstricken, ab * 3 x arbeiten

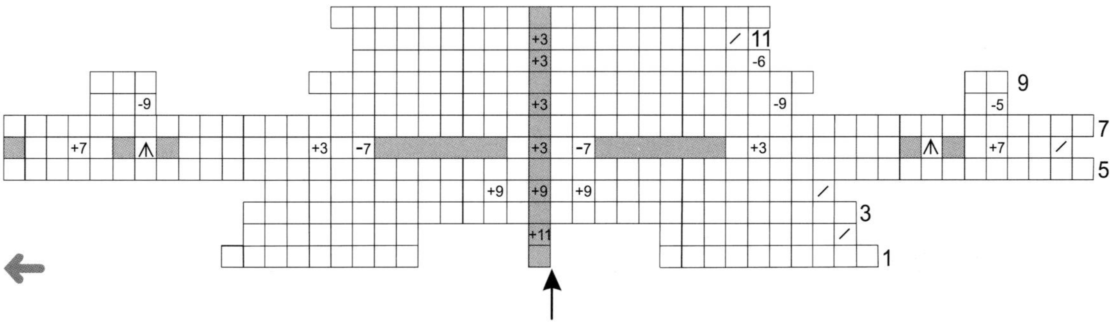

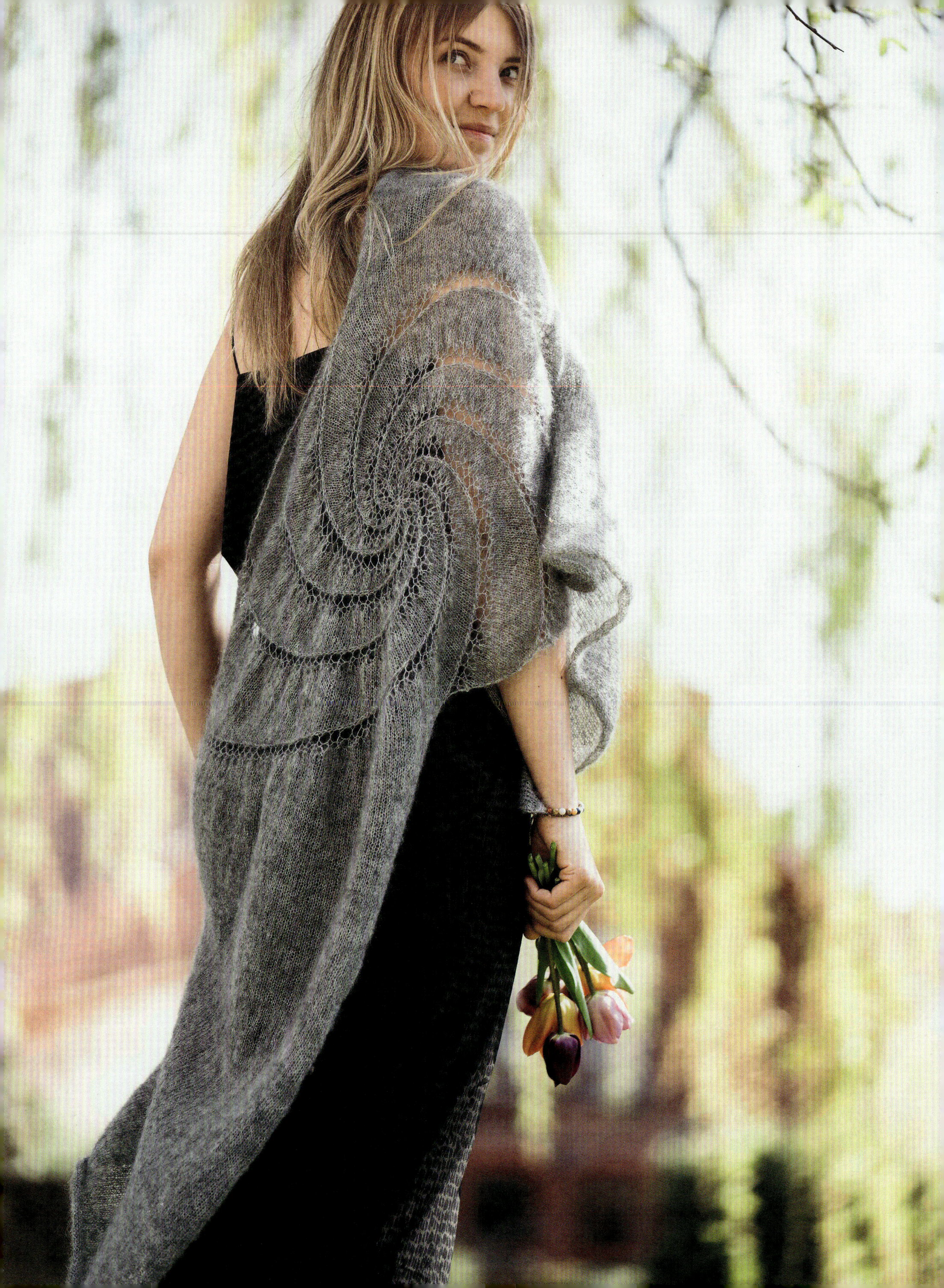

Schnecke

Stola

GRÖSSE
64 x 162 cm

MATERIAL
Schulana „Kid-Seta" (70 % Mohair, 30 % Seide, Lauflänge ca. 210 m/25 g):
125 g Grau (Fb 150)
Nadelspiel Nr. 4
1 Rundstricknadel Nr. 4, 60 cm lang
Maschenmarkierer

MUSTER
Glatt rechts in Reihen
In Hinreihen rechte, in Rückreihen linke Maschen stricken.

Glatt rechts in Runden
Stets rechte Maschen stricken.

MASCHENPROBE
Glatt rechts: 20 Maschen und 34 Reihen = 10 x 10 cm

ANLEITUNG
8 Maschen mit dem Nadelspiel Nr. 4 anschlagen. Die Maschen gleichmäßig auf 4 Nadeln verteilen (= 2 Maschen pro Nadel) und zur Runde schließen.

1. Runde: Alle Maschen rechts stricken. Rundenanfang markieren und Markierung mitführen.
2. Runde: * 1 Umschlag, 1 Masche rechts, ab * 8 x arbeiten = 16 Maschen.
3. Runde: Alle Maschen rechts stricken.
4. Runde: * 1 Umschlag, 2 Maschen rechts, ab * 8 x arbeiten = 24 Maschen.
5. Runde: Alle Maschen rechts stricken.
6. Runde: * 1 Umschlag, 3 Masche rechts, ab * 8 x arbeiten = 32 Maschen.
7. Runde: Alle Maschen rechts stricken.
8. Runde: * [1 Umschlag, 1 Masche rechts] 2 x, 2 Maschen rechts zusammenstricken, ab * 8 x arbeiten = 40 Maschen.
9. Runde: * 3 Maschen rechts, 2 Maschen rechts zusammenstricken, ab * 8 x arbeiten = 32 Maschen.
10. Runde: * 1 Umschlag, [1 Masche rechts, 1 Umschlag] 2 x, 2 Maschen rechts zusammenstricken, ab * 8 x arbeiten = 48 Maschen.

11. Runde: * 4 Maschen rechts, 2 Maschen rechts zusammenstricken, ab * 8 x arbeiten = 40 Maschen.

12. Runde: * [1 Umschlag, 1 Masche rechts] 3 x, 2 Maschen rechts zusammenstricken, ab * 8 x arbeiten = 56 Maschen.

13. Runde: * 5 Maschen rechts, 2 Maschen rechts zusammenstricken, ab * 8 x arbeiten = 48 Maschen.

14. Runde: * 1 Umschlag, [1 Masche rechts, 1 Umschlag] 2 x, 2 Maschen rechts, 2 Maschen rechts zusammenstricken, ab * 8 x arbeiten = 64 Maschen.

15. Runde: * 6 Maschen rechts, 2 Maschen rechts zusammenstricken, ab * 8 x arbeiten = 56 Maschen.

Die folgenden Runden wie die 14. und 15. Runde arbeiten, jedoch in jeder geraden Runde zwischen dem letzten Umschlag und den zusammengestrickten Maschen 1 glatt-rechte Masche mehr arbeiten und in jeder ungeraden Runde 1 glatt-rechte Masche mehr vor den zusammengestrickten Maschen arbeiten. Gegebenenfalls auf die Rundstricknadel wechseln. Bis zu einem Durchmesser von 45 cm = insgesamt 65 Runden fortlaufend die Zunahmen wie beschrieben arbeiten = 256 Maschen.

Nun die **Tuchenden** separat in Reihen weiterarbeiten, dabei die Randmaschen jeweils glatt rechts stricken. Dafür am Rundenanfang und nach der Hälfte die Arbeit teilen = je 128 Maschen pro Tuchseite und Tuchseiten getrennt beenden = 4 „Loch-Strahlen" pro Seite. Der rechte „Loch-Strahl" läuft aus.

66. Reihe: 2 Maschen rechts zusammenstricken, 28 Maschen rechts, 2 Maschen rechts zusammenstricken, * 1 Umschlag, [1 Masche rechts, 1 Umschlag] 2 x, 28 Maschen rechts, 2 Maschen rechts zusammenstricken, ab * 2 x arbeiten, 1 Umschlag, [1 Masche rechts, 1 Umschlag] 2 x, 30 Maschen rechts = 133 Maschen.

67. Reihe: 35 Maschen links, * 2 Maschen links zusammenstricken, 32 Maschen links, ab * 2 x arbeiten, 2 Maschen links zusammenstricken, 25 Maschen links, 3 Maschen links zusammenstricken = 128 Maschen.

68. Reihe: 2 Maschen rechts zusammenstricken, 23 Maschen rechts, 2 Maschen rechts zusammenstricken, * 1 Umschlag, [1 Masche rechts, 1 Umschlag] 2 x, 29 Maschen rechts, 2 Maschen rechts zusammenstricken, ab * 2 x arbeiten, 1 Umschlag, [1 Masche rechts, 1 Umschlag] 2 x, 33 Maschen rechts.

69. Reihe: 38 Maschen links, * 2 Maschen links zusammenstricken, 33 Maschen links, ab * 2 x arbeiten, 2 Maschen links zusammenstricken, 20 Maschen links, 3 Maschen links zusammenstricken.

70. Reihe: 2 Maschen rechts zusammenstricken, 18 Maschen rechts, 2 Maschen rechts zusammenstricken, * 1 Umschlag, [1 Masche rechts, 1 Umschlag] 2 x, 30 Maschen rechts, 2 Maschen rechts zusammenstricken, ab * 2 x arbeiten, 1 Umschlag, [1 Masche rechts, 1 Umschlag] 2 x, 36 Maschen rechts.

71. Reihe: 41 Maschen links, * 2 Maschen links zusammenstricken, 34 Maschen links, ab * 2 x arbeiten, 2 Maschen links zusammenstricken, 15 Maschen links, 3 Maschen links zusammenstricken.

72. Reihe: 2 Maschen rechts zusammenstricken, 13 Maschen rechts, 2 Maschen rechts zusammenstricken, * 1 Umschlag, [1 Masche rechts, 1 Umschlag] 2 x, 31 Maschen rechts, 2 Maschen rechts zusammenstricken, ab * 2 x arbeiten, 1 Umschlag, [1 Masche rechts, 1 Umschlag] 2 x, 39 Maschen rechts.

73. Reihe: 44 Maschen links, * 2 Maschen links zusammenstricken, 35 Maschen links, ab * 2 x arbeiten, 2 Maschen links zusammenstricken, 10 Maschen links, 3 Maschen links zusammenstricken.

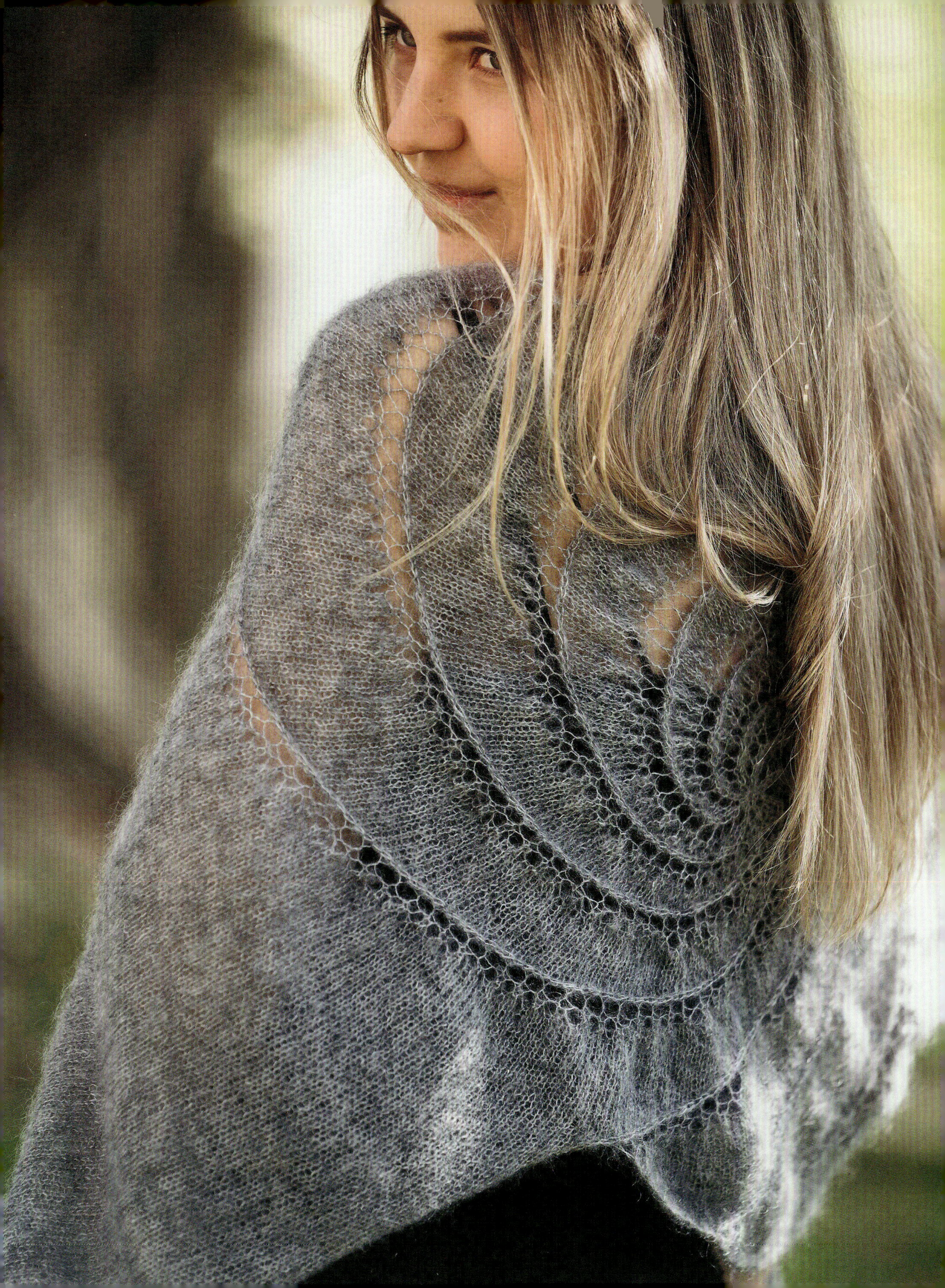

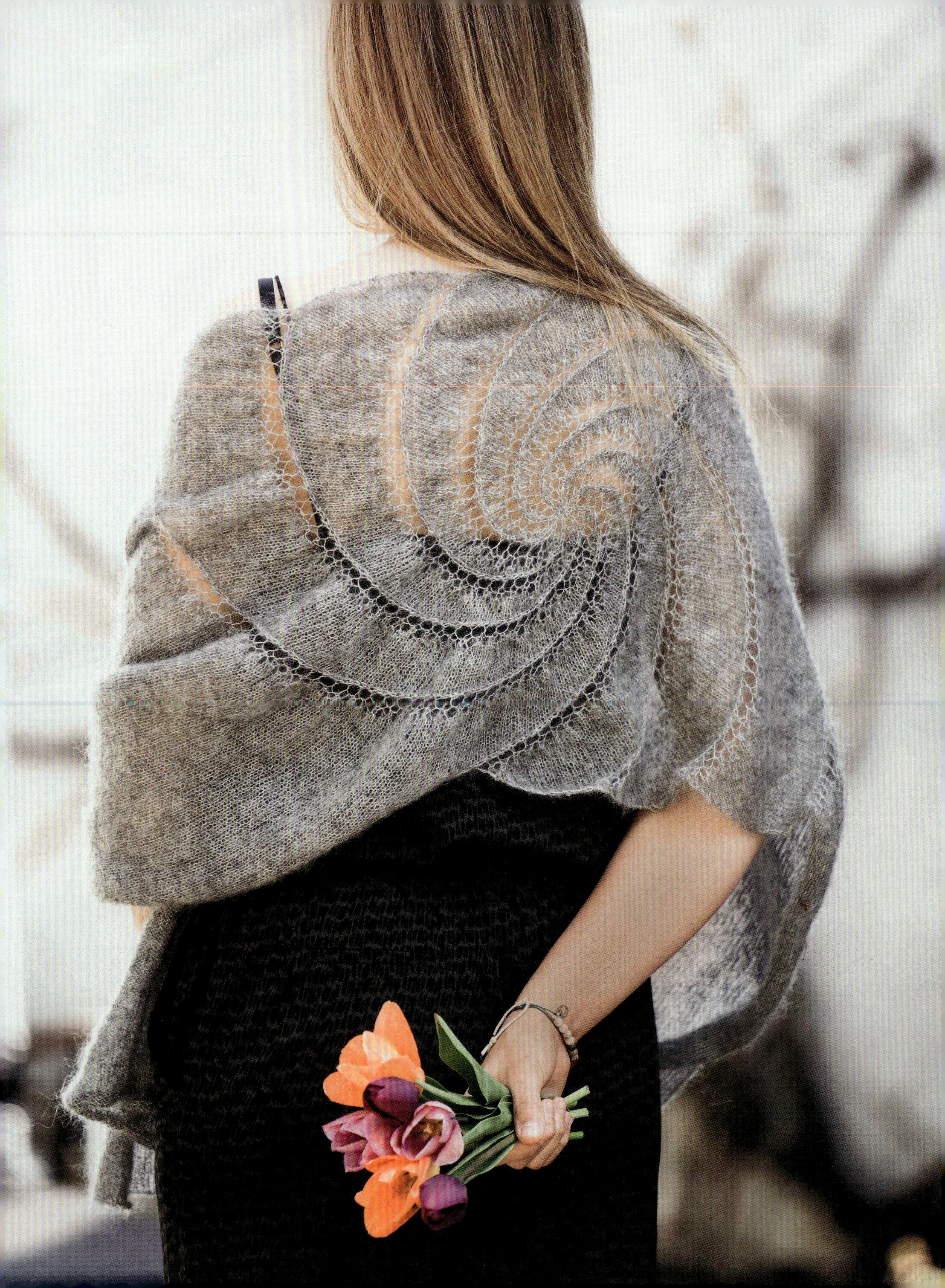

74. Reihe: 2 Maschen rechts zusammenstricken, 8 Maschen rechts, 2 Maschen rechts zusammenstricken, * 1 Umschlag, [1 Masche rechts, 1 Umschlag] 2 x, 32 Maschen rechts, 2 Maschen rechts zusammenstricken, ab * 2 x arbeiten, 1 Umschlag, [1 Masche rechts, 1 Umschlag] 2 x, 42 Maschen rechts.
75. Reihe: 47 Maschen links, * 2 Maschen links zusammenstricken, 36 Maschen links, ab * 2 x arbeiten, 2 Maschen links zusammenstricken, 5 Maschen links, 3 Maschen links zusammenstricken.
76. Reihe: 2 Maschen rechts zusammenstricken, 3 Maschen rechts, 2 Maschen rechts zusammenstricken, * 1 Umschlag, [1 Masche rechts, 1 Umschlag] 2 x, 33 Maschen rechts, 2 Maschen rechts zusammenstricken, ab * 2 x arbeiten, 1 Umschlag, [1 Masche rechts, 1 Umschlag] 2 x, 45 Maschen rechts.
77. Reihe: 50 Maschen links, * 2 Maschen links zusammenstricken, 37 Maschen links, ab * 2 x arbeiten, 2 Maschen links zusammenstricken, 3 Maschen links zusammenstricken.
Der rechte „Loch-Strahl" läuft aus.
78. Reihe: 2 Maschen rechts zusammenstricken, 36 Maschen rechts, 2 Maschen rechts zusammenstricken, 1 Umschlag, [1 Masche rechts, 1 Umschlag] 2 x, 34 Maschen rechts, 2 Maschen rechts zusammenstricken, 1 Umschlag, [1 Masche rechts, 1 Umschlag] 2 x, 48 Maschen rechts = 131 Maschen.
79. Reihe: 53 Maschen links, 2 Maschen links zusammenstricken, 38 Maschen links, 2 Maschen links zusammenstricken, 34 Maschen links, 2 Maschen links zusammenstricken = 128 Maschen.
80. Reihe: 2 Maschen rechts zusammenstricken, 32 Maschen rechts, 2 Maschen rechts zusammenstricken, 1 Umschlag, [1 Masche rechts, 1 Umschlag] 2 x, 35 Maschen rechts, 2 Maschen rechts zusammenstricken, 1 Umschlag, [1 Masche rechts, 1 Umschlag] 2 x, 51 Maschen rechts.
81. Reihe: 56 Maschen links, 2 Maschen links zusammenstricken, 39 Maschen links, 2 Maschen links zusammenstricken, 30 Maschen links, 2 Maschen links zusammenstricken.
82. Reihe: 2 Maschen rechts zusammenstricken, 28 Maschen rechts, 2 Maschen rechts zusammenstricken, 1 Umschlag, [1 Masche rechts, 1 Umschlag] 2 x, 36 Maschen rechts, 2 Maschen rechts zusammenstricken, 1 Umschlag, [1 Masche rechts, 1 Umschlag] 2 x, 54 Maschen rechts.
83. Reihe: 59 Maschen links, 2 Maschen links zusammenstricken, 40 Maschen links, 2 Maschen links zusammenstricken, 26 Maschen links, 2 Maschen links zusammenstricken.
84. Reihe: 2 Maschen rechts zusammenstricken, 24 Maschen rechts, 2 Maschen rechts zusammenstricken, 1 Umschlag, [1 Masche rechts, 1 Umschlag] 2 x, 37 Maschen rechts, 2 Maschen rechts zusammenstricken, 1 Umschlag, [1 Masche rechts, 1 Umschlag] 2 x, 57 Maschen rechts.
85. Reihe: 62 Maschen links, 2 Maschen links zusammenstricken, 41 Maschen links, 2 Maschen links zusammenstricken, 22 Maschen links, 2 Maschen links zusammenstricken.
86. Reihe: 2 Maschen rechts zusammenstricken, 20 Maschen rechts, 2 Maschen rechts zusammenstricken, 1 Umschlag, [1 Masche rechts, 1 Umschlag] 2 x, 38 Maschen rechts, 2 Maschen rechts zusammenstricken, 1 Umschlag, [1 Masche rechts, 1 Umschlag] 2 x, 60 Maschen rechts.
87. Reihe: 65 Maschen links, 2 Maschen links zusammenstricken, 42 Maschen links, 2 Maschen links zusammenstricken, 18 Maschen links, 2 Maschen links zusammenstricken.
88. Reihe: 2 Maschen rechts zusammenstricken, 16 Maschen rechts, 2 Maschen rechts zusammenstricken, 1 Umschlag, [1 Masche rechts, 1 Umschlag] 2 x, 39 Maschen rechts, 2 Maschen rechts zusammenstricken, 1 Umschlag, [1 Masche rechts, 1 Umschlag] 2 x, 63 Maschen rechts.

89. Reihe: 68 Maschen links, 2 Maschen links zusammenstricken, 43 Maschen links, 2 Maschen links zusammenstricken, 14 Maschen links, 2 Maschen links zusammenstricken.
90. Reihe: 2 Maschen rechts zusammenstricken, 12 Maschen rechts, 2 Maschen rechts zusammenstricken, 1 Umschlag, [1 Masche rechts, 1 Umschlag] 2 x, 40 Maschen rechts, 2 Maschen rechts zusammenstricken, 1 Umschlag, [1 Masche rechts, 1 Umschlag] 2 x, 66 Maschen rechts.
91. Reihe: 71 Maschen links, 2 Maschen links zusammenstricken, 44 Maschen links, 2 Maschen links zusammenstricken, 10 Maschen links, 2 Maschen links zusammenstricken.
92. Reihe: 2 Maschen rechts zusammenstricken, 8 Maschen rechts, 2 Maschen rechts zusammenstricken, 1 Umschlag, [1 Masche rechts, 1 Umschlag] 2 x, 41 Maschen rechts, 2 Maschen rechts zusammenstricken, 1 Umschlag, [1 Masche rechts, 1 Umschlag] 2 x, 69 Maschen rechts.
93. Reihe: 74 Maschen links, 2 Maschen links zusammenstricken, 45 Maschen links, 2 Maschen links zusammenstricken, 6 Maschen links, 2 Maschen links zusammenstricken.
94. Reihe: 2 Maschen rechts zusammenstricken, 4 Maschen rechts, 2 Maschen rechts zusammenstricken, 1 Umschlag, [1 Masche rechts, 1 Umschlag] 2 x, 42 Maschen rechts, 2 Maschen rechts zusammenstricken, 1 Umschlag, [1 Masche rechts, 1 Umschlag] 2 x, 72 Maschen rechts.
95. Reihe: 77 Maschen links, 2 Maschen links zusammenstricken, 46 Maschen links, 2 Maschen links zusammenstricken, 2 Maschen links, 2 Maschen links zusammenstricken.
96. Reihe: 2 x je 2 Maschen rechts zusammenstricken, 1 Umschlag, [1 Masche rechts, 1 Umschlag] 2 x, 43 Maschen rechts, 2 Maschen rechts zusammenstricken, 1 Umschlag, [1 Masche rechts, 1 Umschlag] 2 x, 75 Maschen rechts.
97. Reihe: 80 Maschen links, 2 Maschen links zusammenstricken, 45 Maschen links, 2 x je 2 Maschen links zusammenstricken.
Der rechte „Loch-Strahl" läuft aus.
98. Reihe: 2 Maschen rechts zusammenstricken, 44 Maschen rechts, 2 Maschen rechts zusammenstricken, 1 Umschlag, [1 Masche rechts, 1 Umschlag] 2 x, 78 Maschen rechts = 129 Maschen.
99. Reihe: 83 Maschen links, 2 Maschen links zusammenstricken, 44 Maschen links = 128 Maschen.

Die Ab- und Zunahmen in den folgenden Hin- und Rückreihen an denselben Abnahmestellen ebenso arbeiten. In der 129. Reihe läuft der letzte „Loch-Strahl" aus. Nun am Rand keine Abnahmen mehr vornehmen, sondern nur glatt rechts weiterarbeiten. Nach 67,5 cm = 216 Reihen ab Teilung (am besten am linken Rand messen) alle Maschen abketten.

Das andere Tuchende ebenso beenden.

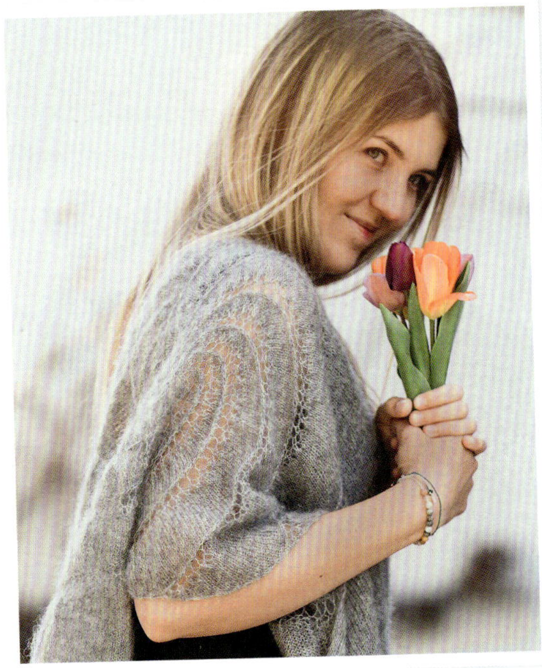

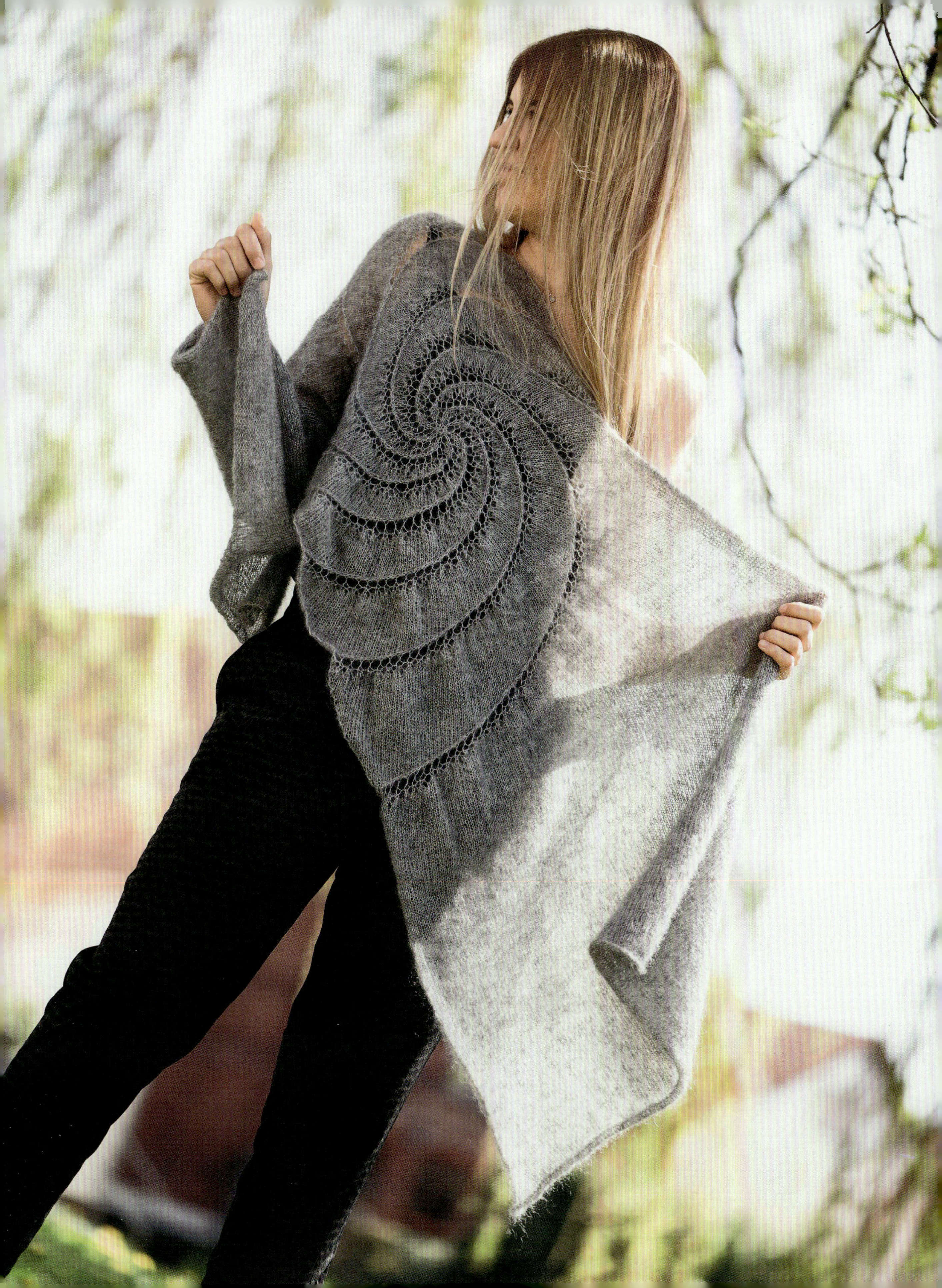

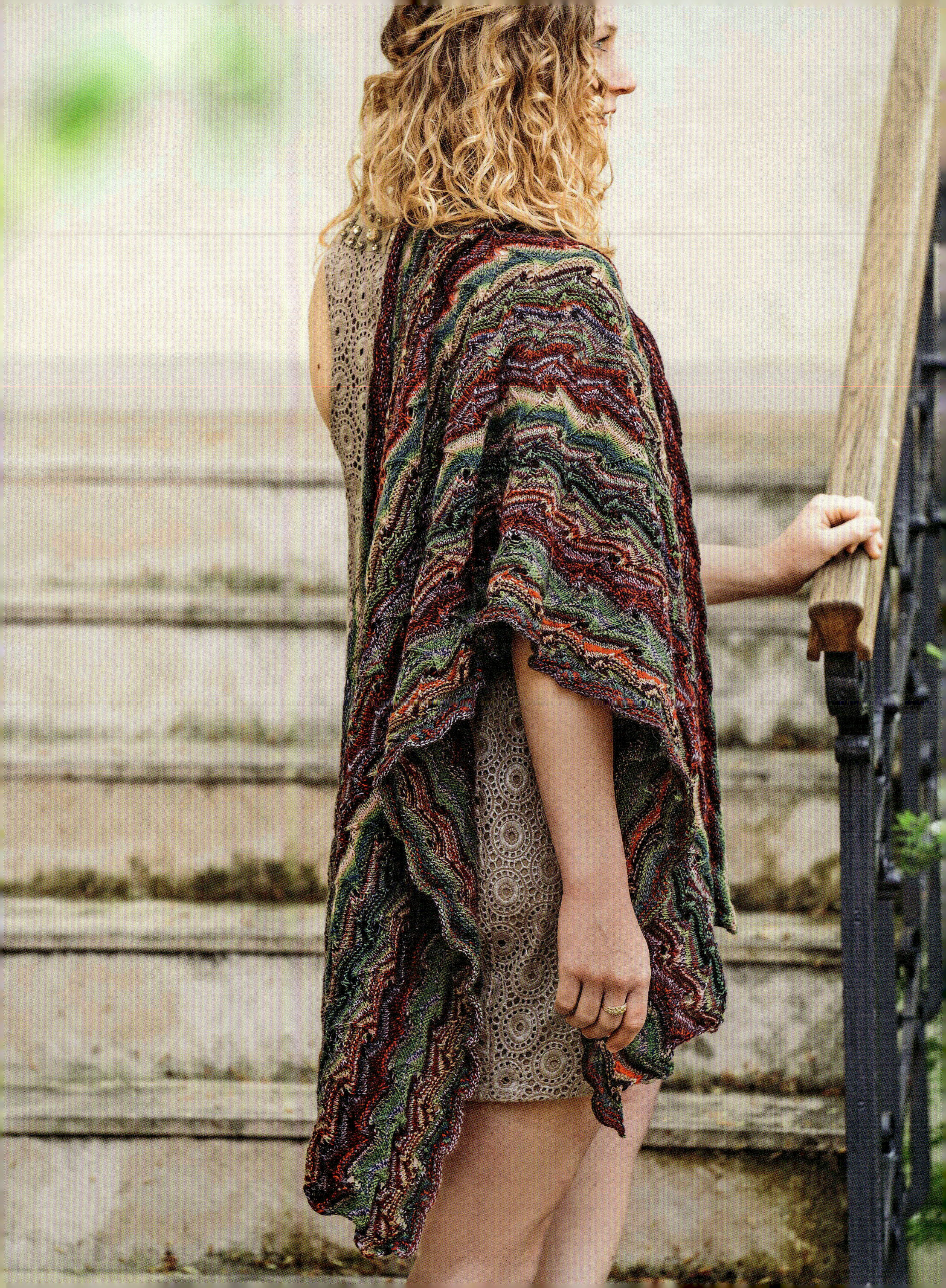

Kaleidoskop

Quer gestrickte Lace-Stola

GRÖSSE
53 x 163 cm

MATERIAL
Schoppel „Zauberball Crazy" (75 % Schurwolle, 25 % Polyamid, Lauflänge ca. 420 m/100 g): je 200 g Marsexperiment (Fb 2337) und Sternschnuppe (Fb 2292)
1 Rundstricknadel Nr. 3

MUSTER
Ajourmuster
Maschenzahl teilbar durch 15 + 2 Randmaschen. Nach Strickschrift arbeiten. Es sind die Hin- und Rückreihen gezeichnet. Die Maschen sind gezeichnet, wie sie gestrickt werden. Den gezeichneten Rapport zwischen den Randmaschen stets wiederholen. Die 1.–28. Reihe stets wiederholen.

Streifenfolge
* 14 Reihen Marsexperiment, 14 Reihen Sternschnuppe, [2 Reihen Marsexperiment, 2 Reihen Sternschnuppe] 7 x, ab * stets wiederholen.

MASCHENPROBE
Ajourmuster: 26 Maschen und 42,5 Reihen = 10 x 10 cm

ANLEITUNG
Die Stola wird quer gestrickt.

422 Maschen mit der Rundstricknadel Nr. 3 in Marsexperiment anschlagen und 1 Rückreihe rechts stricken. Dann im Ajourmuster in der Streifenfolge weiterarbeiten. In 53 cm Gesamthöhe = 224 Reihen im Ajourmuster Maschen abketten.

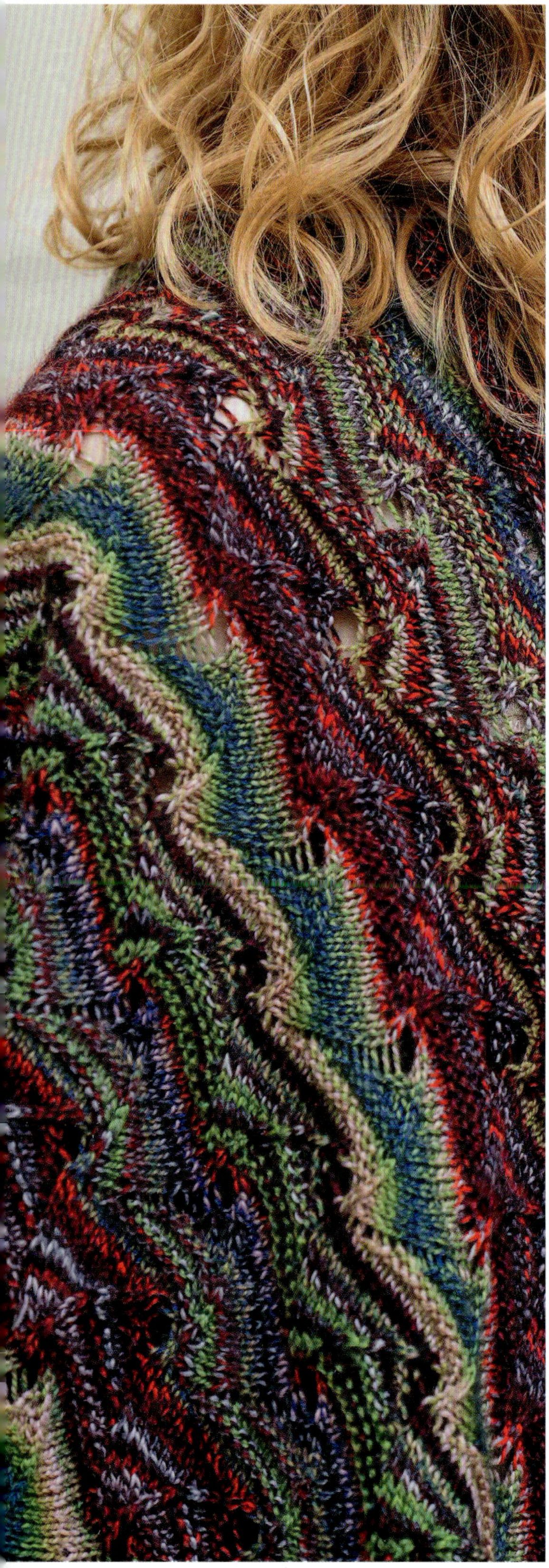

Strickschrift

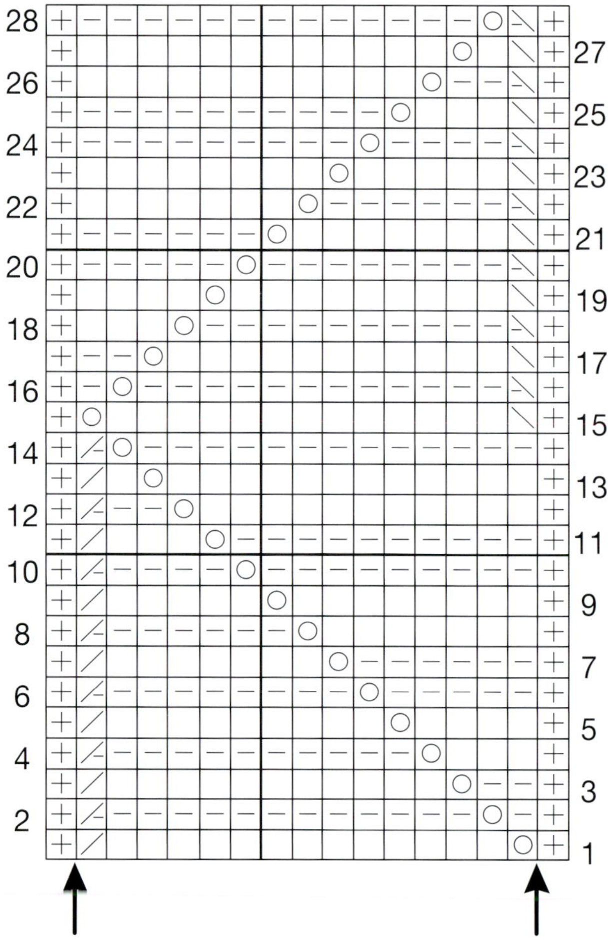

Zeichenerklärung

- ⊞ = Randmasche
- □ = 1 Masche rechts
- ⊟ = 1 Masche links
- ◯ = 1 Umschlag
- ⧄ = 2 Maschen rechts zusammenstricken
- ⧅ = 2 Maschen rechts überzogen zusammenstricken (= 1 Masche wie zum Rechtsstricken abheben, 1 Masche rechts stricken, dann die abgehobene Masche überziehen)
- ⧄̲ = 2 Maschen links zusammenstricken
- ⧅̲ = 2 Maschen links verschränkt zusammenstricken

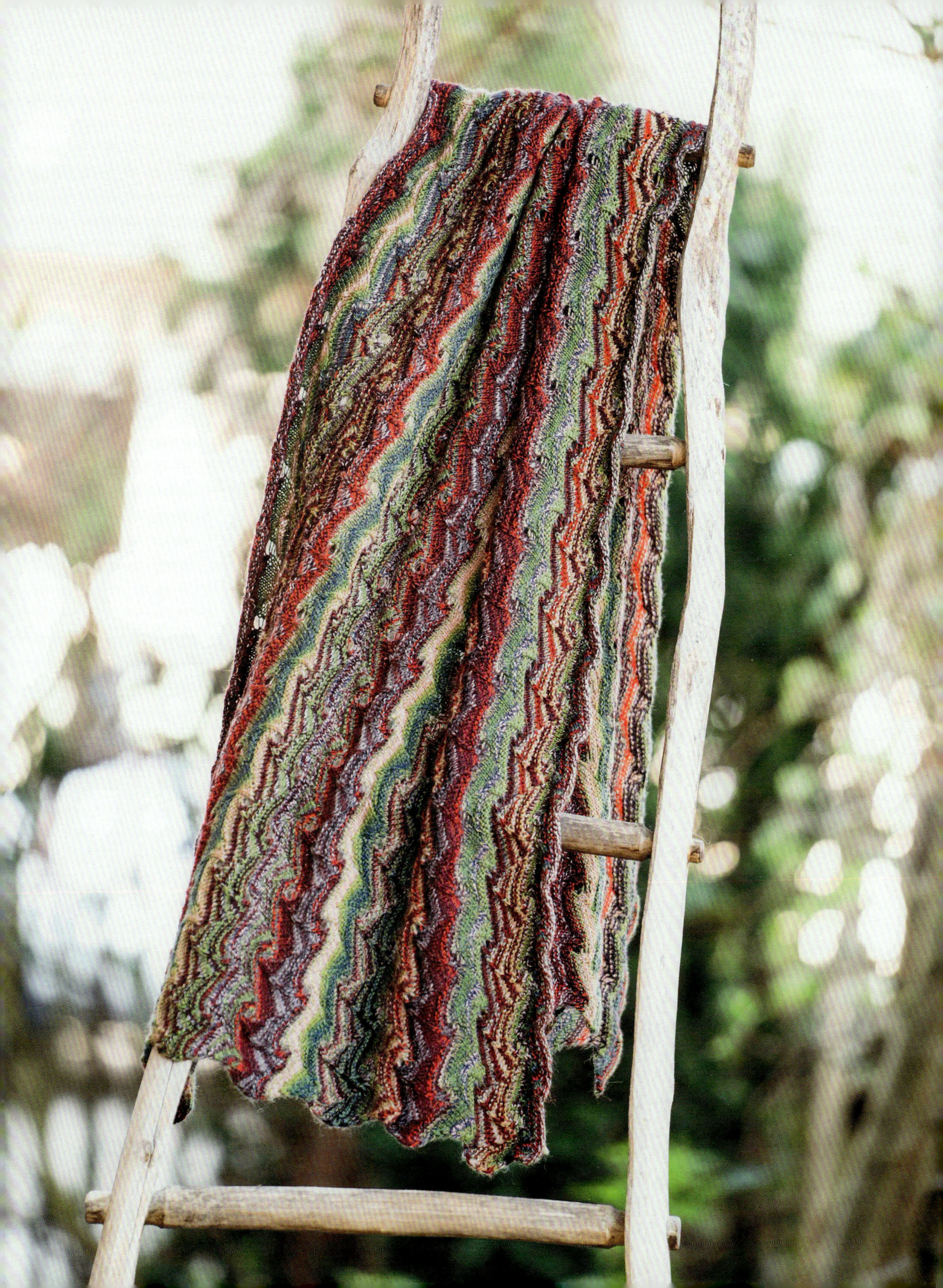

Cosy Leaves

Tuch im Patentmuster

GRÖSSE
53 x 163 cm

MATERIAL
Junghans-Wolle „Arequipa" (42 % Alpaka, 40 % Schurwolle, 16 % Polyamid, 2 % Elasthan, Lauflänge ca. 275 m/50 g): je 150 g Camel (Fb 135-077-09) und Pflaume (Fb 135-083-09)
1 Rundstricknadel Nr. 7
Maschenmarkierer

MUSTER
Zweifarbiges Patentmuster
Maschenzahl teilbar durch 2 + 1 + 2 Randmaschen. Für dieses Muster eine Rundstricknadel verwenden, denn es werden abwechselnd je 2 Hin- und 2 Rückreihen gestrickt. Nach der 1. Hinreihe die Maschen an das andere Ende der Rundstricknadel schieben, mit der anderen Farbe erneut eine Hinreihe stricken. Dann erst die 1. Rückreihe arbeiten, danach wieder die Maschen an das andere Ende der Rundstricknadel schieben usw. 2 Hinreihen gelten als 1 Reihe, 2 Rückreihen ebenso.

1. Reihe = Hinreihe, Camel: Randmasche rechts, * 1 Masche mit 1 Umschlag wie zum Linksstricken abheben, 1 Masche rechts, ab * stets wiederholen, 1 Masche mit 1 Umschlag wie zum Linksstricken abheben, Randmasche rechts. Die Maschen an das andere Ende der Nadel schieben.
1. Reihe = Hinreihe, Pflaume: Randmasche wie zum Linksstricken abheben, * den Umschlag und die abgehobene Masche links zusammenstricken, 1 Masche mit 1 Umschlag wie zum Linksstricken abheben, ab * stets wiederholen, den Umschlag und die abgehobene Masche links zusammenstricken, Randmasche wie zum Linksstricken abheben. Arbeit wenden.
2. Reihe = Rückreihe, Camel: Randmasche rechts, * 1 Masche mit 1 Umschlag wie zum Linksstricken abheben, den Umschlag und die abgehobene Masche links zusammenstricken, ab * stets wiederholen, 1 Masche mit 1 Umschlag wie zum Linksstricken abheben, Randmasche. Die Maschen an das andere Ende der Nadel schieben.

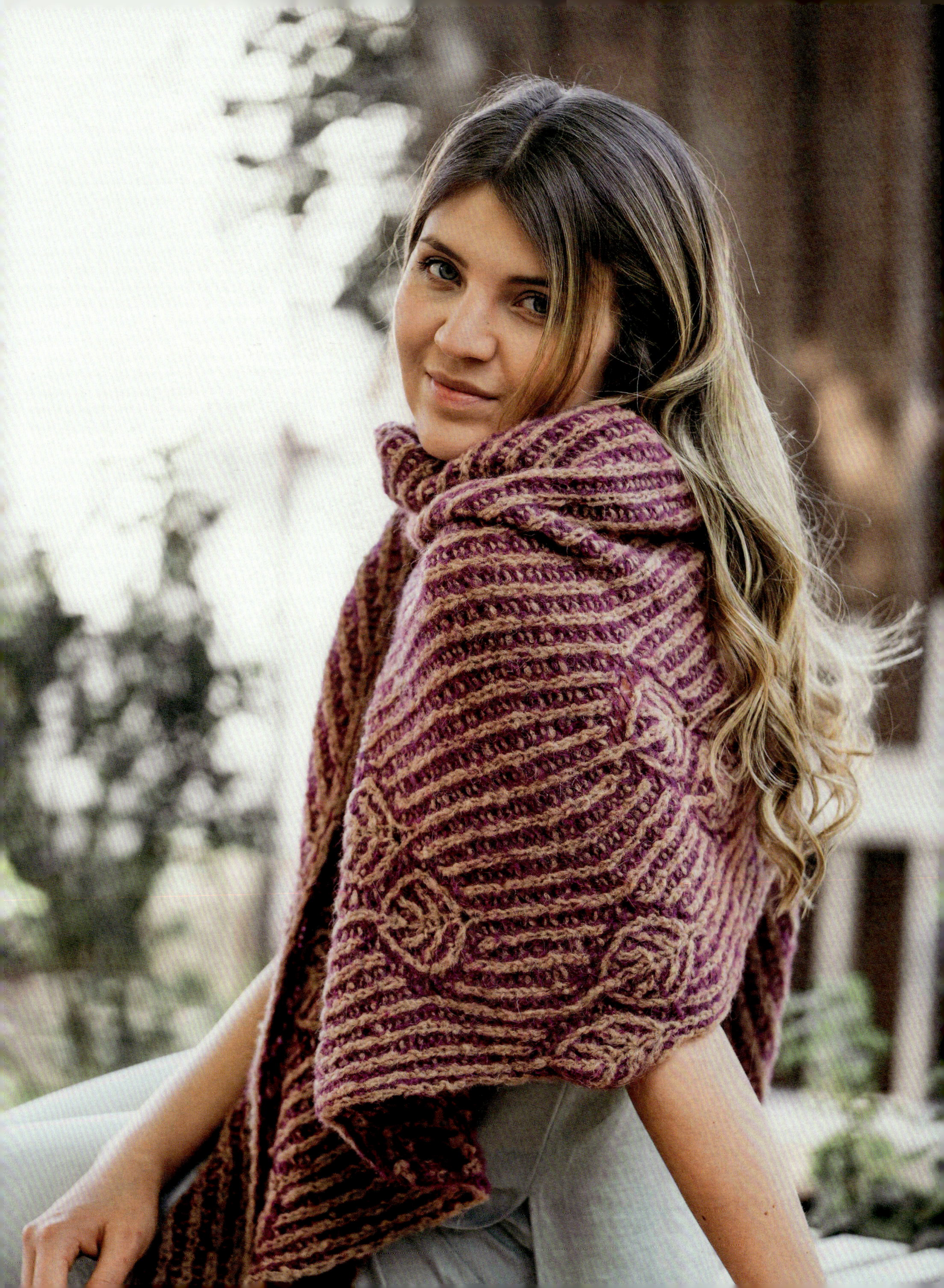

2. Reihe = Rückreihe, Pflaume: Randmasche wie zum Linksstricken abheben, * den Umschlag und die abgehobene Masche rechts zusammenstricken, 1 Masche mit 1 Umschlag wie zum Linksstricken abheben, ab * stets wiederholen, den Umschlag und die abgehobene Masche rechts zusammenstricken, Randmasche wie zum Linksstricken abheben. Arbeit wenden.
3. Reihe = Hinreihe, Camel: Randmasche rechts, * 1 Masche mit 1 Umschlag wie zum Linksstricken abheben, den Umschlag und die abgehobene Masche rechts zusammenstricken, ab * stets wiederholen, 1 Masche mit 1 Umschlag wie zum Linksstricken abheben, Randmasche rechts. Die Maschen an das andere Ende der Nadel schieben.
3. Reihe = Hinreihe, Pflaume: Randmasche wie zum Linksstricken abheben, * den Umschlag und die abgehobene Masche links zusammenstricken, 1 Masche mit 1 Umschlag wie zum Linksstricken abheben, ab * stets wiederholen, den Umschlag und die abgehobene Masche links zusammenstricken, Randmasche wie zum Linksstricken abheben. Arbeit wenden.
1 x die 1.–3. Reihe arbeiten, dann die 2.–3. Reihe stets wiederholen.

Blattmotiv über 33 Maschen + 1 Randmasche
Für dieses Muster eine Rundstricknadel verwenden, denn es werden abwechselnd je 2 Hin- und 2 Rückreihen gestrickt. Nach der 1. Hinreihe die Maschen an das andere Ende der Rundstricknadel schieben, mit der anderen Farbe erneut 1 Hinreihe stricken. Dann erst die 1. Rückreihe stricken, danach wieder die Maschen an das andere Ende der Rundstricknadel schieben usw. 2 Hinreihen gelten als 1 Reihe, 2 Rückreihen ebenso.
Nach der Strickschrift arbeiten. Es sind die Hin- und Rückreihen gezeichnet. Mit einer Rückreihe beginnen. Die 1.–40. Reihe stets wiederholen.

Betonte Zunahmen
Am rechten Rand: Randmasche rechts, 1 Masche im Patentmuster, 3 Maschen aus 1 Masche herausstricken (= 1 Masche rechts, 1 Umschlag, 1 Masche rechts, dabei bei den rechten Maschen jeweils den Umschlag der Vorreihe mitfassen).

MASCHENPROBE

Patentmuster: 10 Maschen und 15 Reihen = 10 x 10 cm

ANLEITUNG

5 Maschen mit Nadeln Nr. 7 in Camel anschlagen und im zweifarbigen Patent stricken. Zur Formgebung am rechten Rand in der 3. Reihe = einer Hinreihe in Camel 2 Maschen betont zunehmen und dann jeweils in jeder 4. Reihe = jede 2. Hinreihe in Camel je 2 Maschen betont zunehmen. **Gleichzeitig** ab der 60. Reihe = einer Rückreihe in Camel über die ersten 34 Maschen die Strickschrift fortlaufend arbeiten. Diese 34 Maschen markieren. Nach 185 cm = 279 Reihen = nach einer 18. Reihe der Strickschrift alle Maschen abketten.

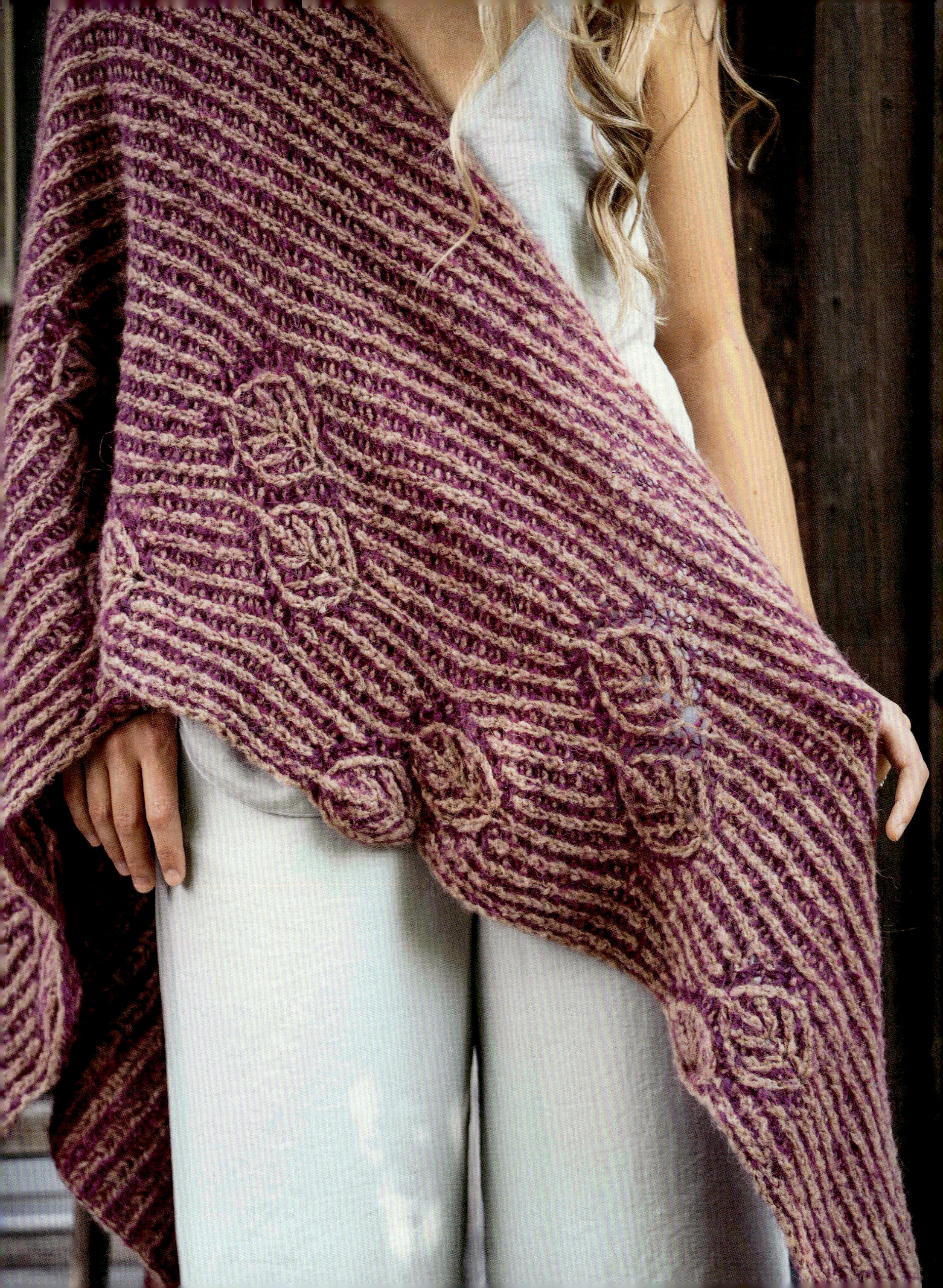

Strickschrift

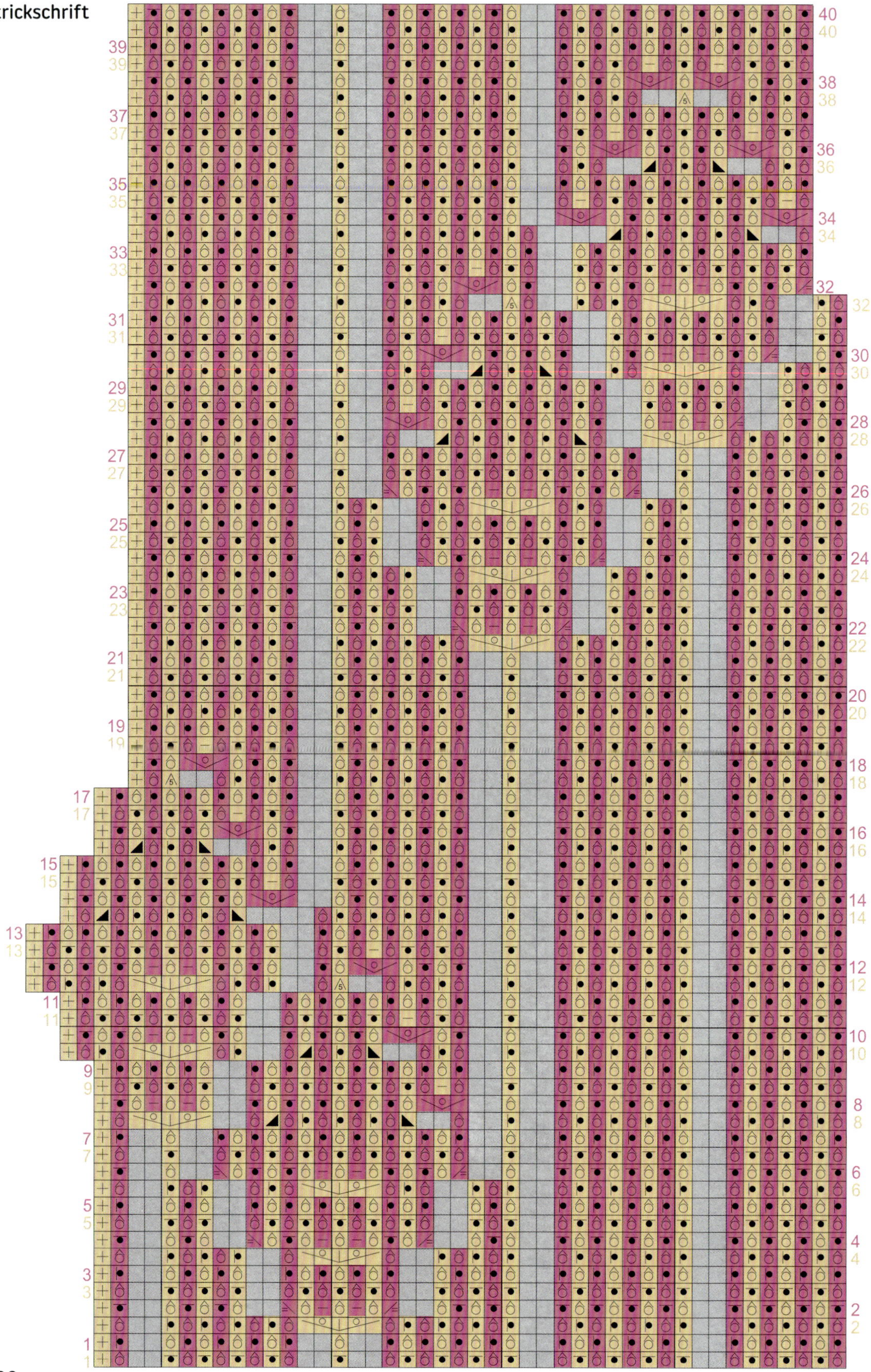

Zeichenerklärung

= Randmasche (in camelfarbenen Reihen rechts stricken, in pflaumenfarbenen Reihen wie zum Linksstricken abheben)

= keine Bedeutung, Masche nicht vorhanden

= 1 Masche links

= 1 Masche mit 1 Umschlag wie zum Linksstricken abheben

= 1 Masche mit dem Umschlag rechts zusammenstricken

= 1 Masche mit dem Umschlag links zusammenstricken

= 3 Maschen rechts zusammenstricken (inklusive der dazugehörigen Umschläge)

= 3 Maschen rechts überzogen zusammenstricken (= 1 Masche wie zum Rechtsstricken abheben, 2 Maschen rechts zusammenstricken, dann die abgehobene Masche überziehen) (inklusive der dazugehörigen Umschläge)

= 3 Maschen links zusammenstricken (inklusive des dazugehörigen Umschlags)

= 3 Maschen links überzogen zusammenstricken (= 1 Masche wie zum Rechtsstricken abheben, 2 Maschen links zusammenstricken, dann die abgehobene Masche überziehen) (inklusive des dazugehörigen Umschlags)

= 5 Maschen mit oben aufliegender Mittelmasche rechts zusammenstricken (= 2 Maschen wie zum Rechtsstricken zusammen abheben, 1 Masche auf eine Hilfsnadel vor die Arbeit legen, die folgende Masche rechts stricken und die zweite abgehobene Masche der rechten Nadel über die gestrickte Masche ziehen, diese Masche nun wieder auf die linke Nadel zurücklegen und dann die folgende Masche der linken Nadel darüberziehen, danach die erste abgehobene Masche der rechten Nadel überziehen und nun die Masche der Hilfsnadel überziehen (inklusive der dazugehörigen Umschläge)

= 3 Maschen aus 1 Masche herausstricken (= 1 Masche links, 1 Umschlag, 1 Masche links) (inklusive des dazugehörigen Umschlags)

= 5 Maschen aus 1 Masche herausstricken (= * 1 Masche rechts, 1 Umschlag, ab * 2 x arbeiten, 1 Masche rechts in dieselbe Masche) (inklusive des dazugehörigen Umschlags)

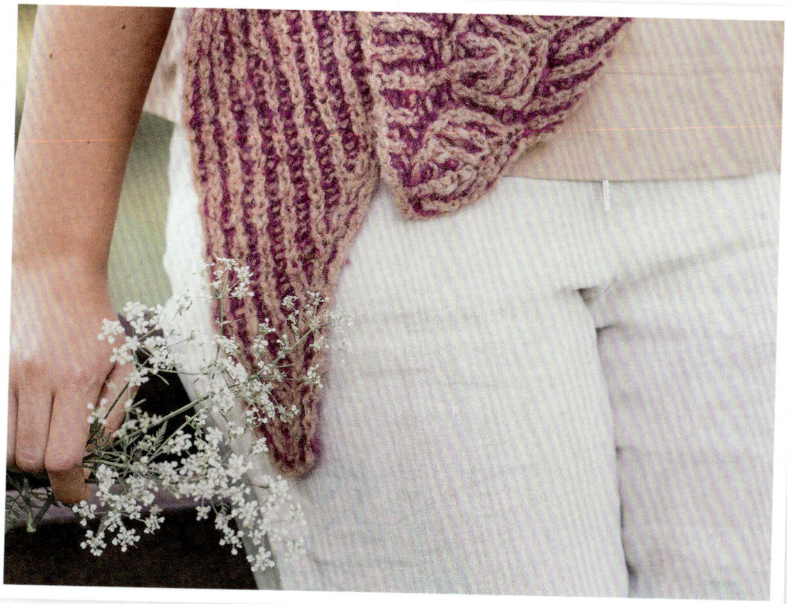

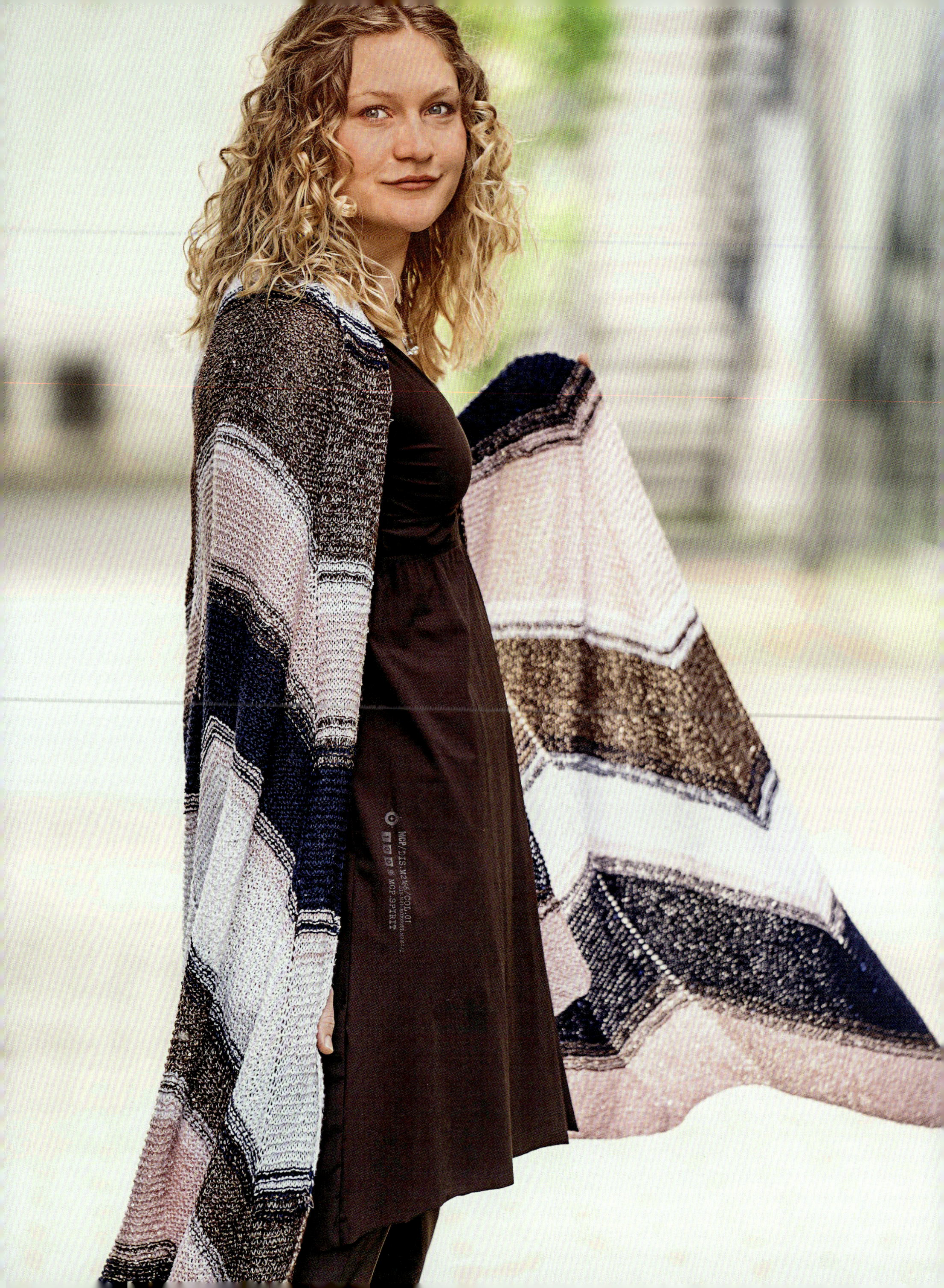

First Date

Stola

GRÖSSE
68 x 210 cm

MATERIAL
Lana Grossa „Cool Wool Lace"
(100 % Schurwolle, Lauflänge ca. 400 m/50 g):
je 100 g Weiß (Fb 28), Braun (Fb 12), Dunkelblau (Fb 23) und Rosa (Fb 16)
Lana Grossa „Diamante" (100 % Polyester, Lauflänge ca. 195 m/25 g): je 75 g Weiß (Fb 14), Braun (Fb 11), Dunkelblau (Fb 8) und Rosa (Fb 2)
Stricknadeln Nr. 6

MUSTER
Kraus rechts
In Hin- und Rückreihen rechte Maschen stricken.

Streifenfolge
32 Reihen Rosa, 2 Reihen Braun, 2 Reihen Rosa, 2 Reihen Braun, 2 Reihen Blau, 2 Reihen Braun, 42 Reihen Blau, 2 Reihen Rosa, 2 Reihen Blau, 2 Reihen Rosa, 2 Reihen Weiß, 2 Reihen Rosa, 22 Reihen Weiß, 2 Reihen Blau, 2 Reihen Weiß, 2 Reihen Blau, 2 Reihen Braun, 2 Reihen Blau, 32 Reihen Braun, 2 Reihen Weiß, 2 Reihen Braun, 2 Reihen Weiß, 2 Reihen Rosa, 2 Reihen Weiß, 42 Reihen Rosa, 2 Reihen Braun, 2 Reihen Rosa, 2 Reihen Braun, 2 Reihen Blau, 2 Reihen Braun, 22 Reihen Blau, 2 Reihen Rosa, 2 Reihen Blau, 2 Reihen Rosa, 2 Reihen Weiß, 2 Reihen Rosa, 32 Reihen Weiß, 2 Reihen Blau, 2 Reihen Weiß, 2 Reihen Blau, 2 Reihen Braun, 2 Reihen Blau, 42 Reihen Braun, 2 Reihen Weiß, 2 Reihen Braun, 2 Reihen Weiß, 2 Reihen Rosa, 2 Reihen Weiß, 22 Reihen Rosa, 2 Reihen Braun, 2 Reihen Rosa, 2 Reihen Braun, 2 Reihen Blau, 2 Reihen Braun, 32 Reihen Blau, 2 Reihen Rosa, 2 Reihen Blau, 2 Reihen Rosa, 2 Reihen Weiß, 2 Reihen Rosa, 42 Reihen Weiß, 2 Reihen Blau, 2 Reihen Weiß, 2 Reihen Blau, 2 Reihen Braun, 2 Reihen Blau, 22 Reihen Braun, 2 Reihen Weiß, 2 Reihen Braun, 2 Reihen Weiß, 2 Reihen Rosa, 2 Reihen Weiß, 32 Reihen Rosa, 2 Reihen Braun, 2 Reihen Rosa, 2 Reihen Braun, 2 Reihen Blau, 2 Reihen Braun, 42 Reihen Blau = 588 Reihen.

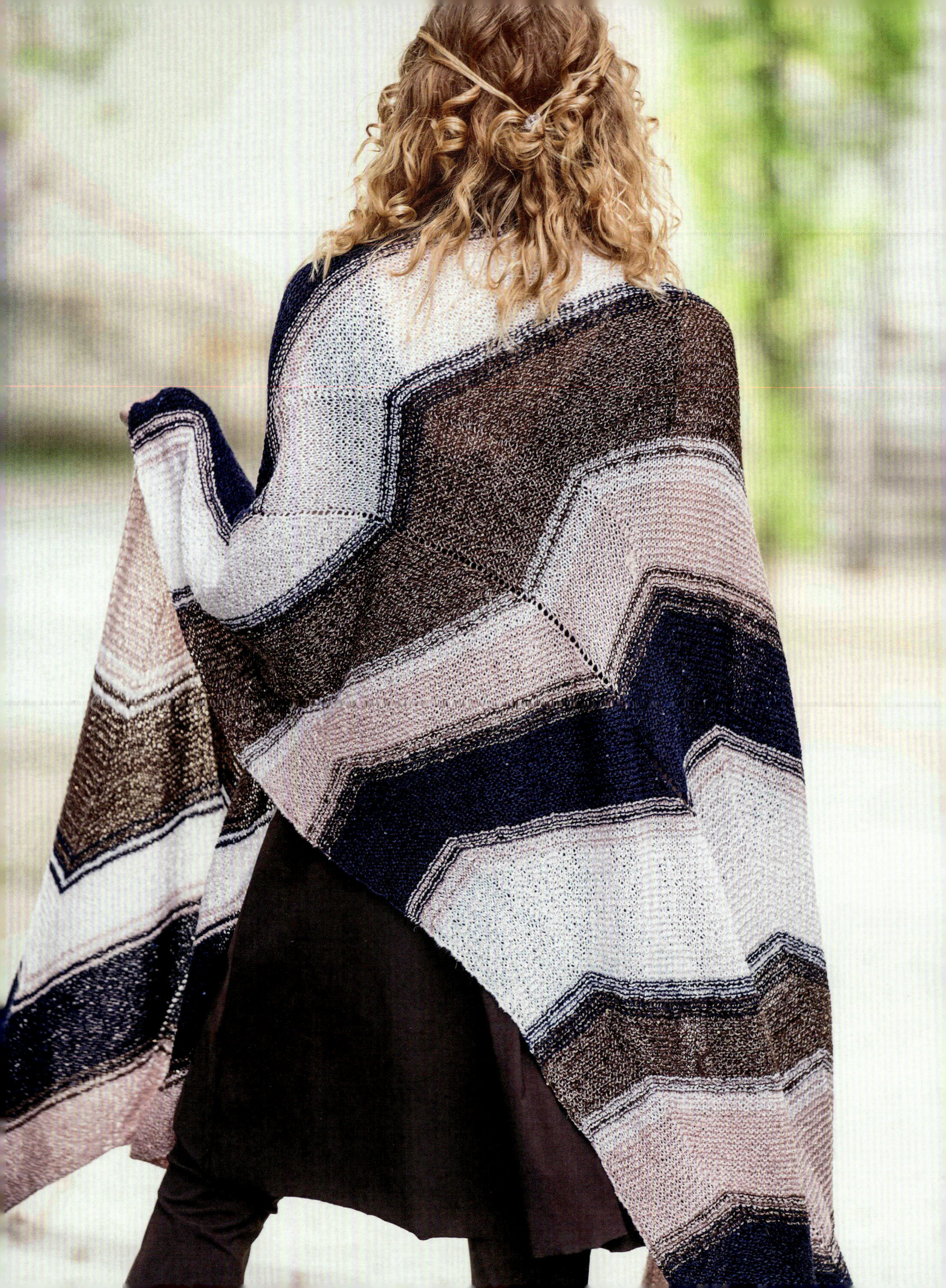

MASCHENPROBE

Kraus rechts: 21 Maschen und 36 Reihen = 10 x 10 cm

ANLEITUNG

Hinweis: Stets zweifädig (= je 1 Faden pro Garn in gleicher Farbe) stricken. Bedingt durch die Zu- und Abnahmen ist das Tuch schmaler und auch länger als rechnerisch zu erwarten.

178 Maschen mit Nadeln Nr. 6 zweifädig in Rosa (= je 1 Faden „Cool Wool Lace" und „Diamante") anschlagen und 1 Rückreihe rechts stricken. Dann kraus rechts in der Streifenfolge weiterarbeiten, dabei Maschen wie folgt einteilen: Randmasche und 19 Maschen kraus rechts, 1 Umschlag, 57 Maschen kraus rechts, 2 Maschen rechts zusammenstricken, 20 Maschen kraus rechts, 1 Umschlag, 57 Maschen kraus rechts, 2 Maschen rechts zusammenstricken, 19 Maschen und Randmasche kraus rechts. Umschläge und zusammengestrickte Maschen in den Rückreihen rechts stricken. Die Zu- und Abnahmen in jeder Hinreihe an den gleichen Stellen ebenso arbeiten. In 210 cm = 588 Reihen ab Anschlag Maschen abketten.

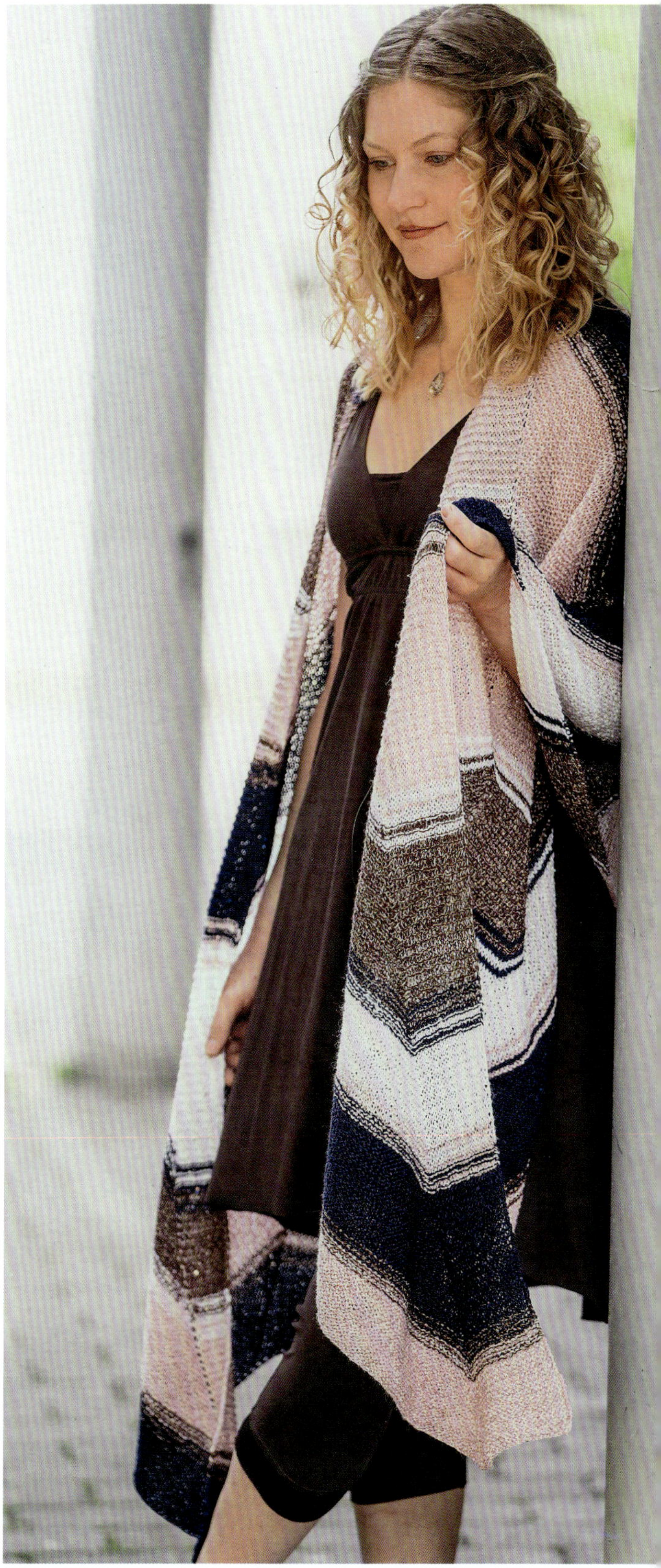

Celebrations

Zartes Lace-Tuch

GRÖSSE
54 x 175 cm

MATERIAL
Locoporella „Yeti" (50 % Seide, 50 % Yak, Lauflänge ca. 233 m/50 g): 200 g Natur
1 Rundstricknadel Nr. 3

MUSTER
Kraus rechts
In Hin- und Rückreihen rechte Maschen stricken.

Glatt links
In Hinreihen linke, in Rückreihen rechte Maschen stricken.

Ajourrippe A und B
Maschenzahl teilbar durch 4. Nach Strickschrift A und B arbeiten. Es sind die Hin- und Rückreihen gezeichnet. Die Maschen sind gezeichnet, wie sie gestrickt werden. Mit den Maschen vor dem Rapport beginnen, den mit einem Rahmen gekennzeichneten Rapport von 4 Maschen stets wiederholen und mit den Maschen nach dem Rapport enden. Strickschrift A: 1 x die 1.–22. Reihe arbeiten, dann die 5.–22. Reihe stets wiederholen. Strickschrift B: 1 x die 1.–24. Reihe arbeiten, dann die 5.–24. Reihe stets wiederholen.

Blattmuster über 87 Maschen
Nach Strickschrift C arbeiten. Es sind nur die Hinreihen gezeichnet, in den Rückreihen Maschen und Umschläge links stricken. Den Rapport von 17 Maschen zwischen den Pfeilen 5 x arbeiten und mit den Maschen nach dem linken Pfeil enden. Die 1.–24. Reihe stets wiederholen.

Ajourrüsche
Maschenzahl teilbar durch 16 + 3. Nach Strickschrift D arbeiten. Es sind nur die Hinreihen gezeichnet, in den Rückreihen Maschen stricken, wie sie erscheinen, Umschläge links stricken. Mit der Masche vor dem rechten Pfeil beginnen, den Rapport von 16 Maschen zwischen den Pfeilen stets wiederholen und mit den Maschen nach dem linken Pfeil enden. Die 1.–18. Reihe 3 x arbeiten = 54 Reihen.

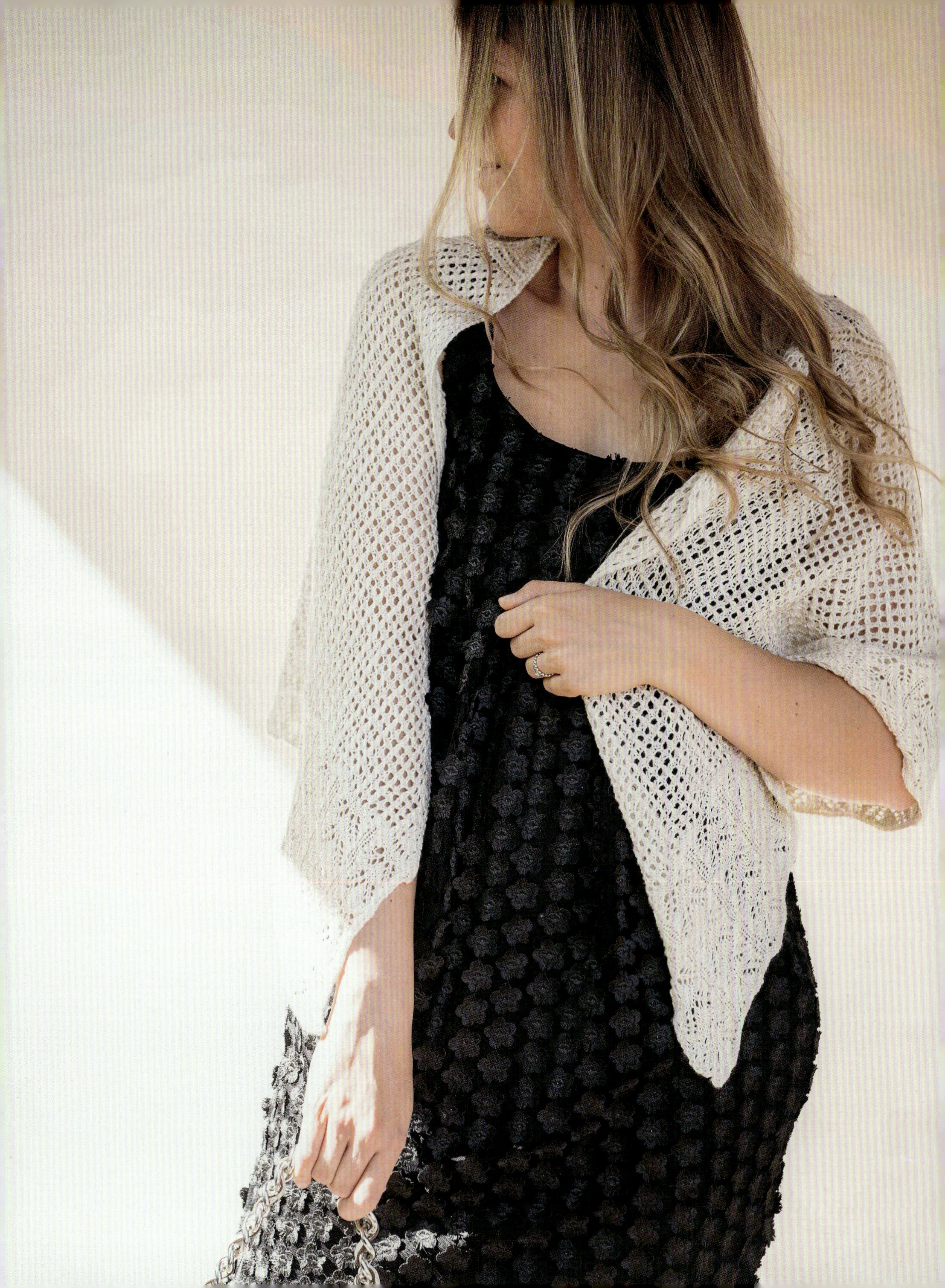

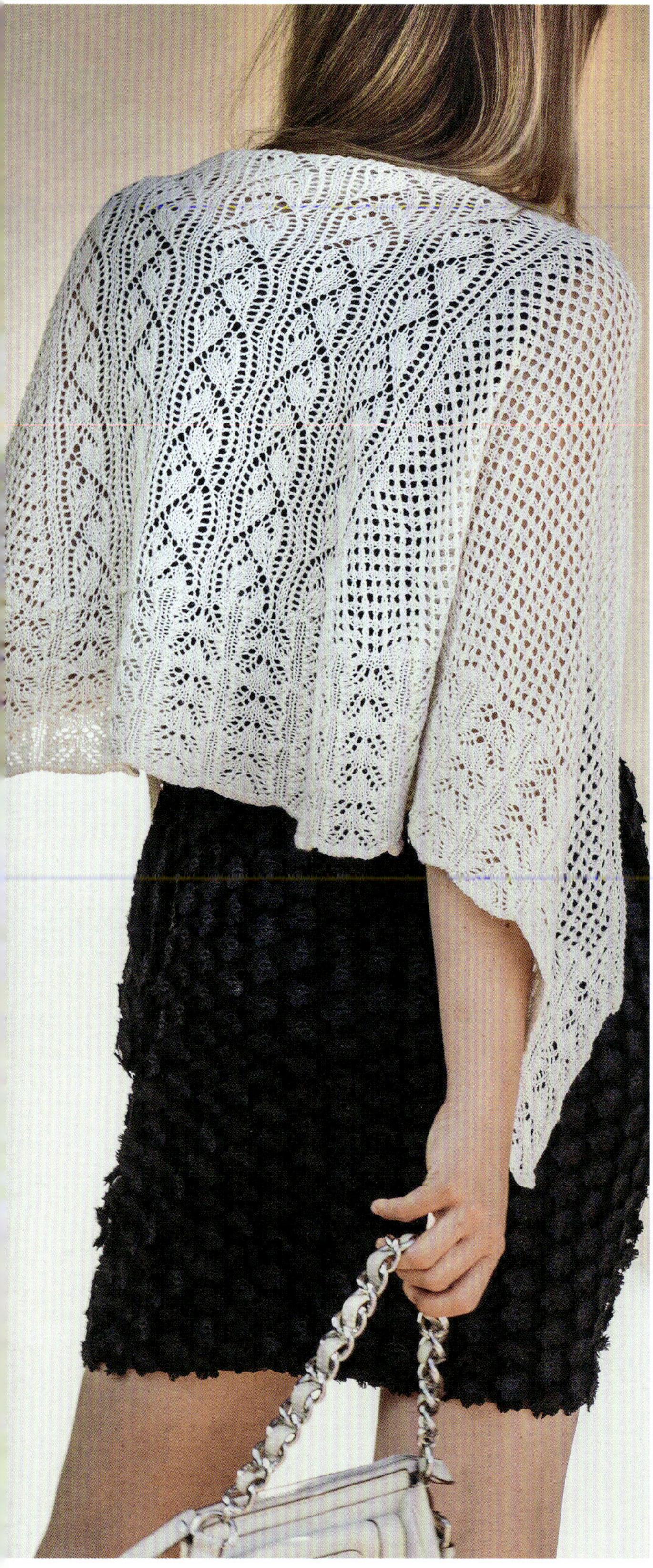

MASCHENPROBEN

Blattmuster: 26,5 Maschen und 36 Reihen = 10 x 10 cm

Ajourrippe: 22 Maschen und 37 Reihen = 10 x 10 cm

ANLEITUNG

Hinweis: Das Tuch besteht aus 2 seitlichen Dreiecken und 1 mittleren Rechteck.

Für den dreiseitigen Maschenanschlag 3 Maschen mit Nadeln Nr. 3 anschlagen und 176 Reihen kraus rechts stricken. Nach der 176. Reihe = Hinreihe die Arbeit nicht wenden, sondern um 90° im Uhrzeigersinn drehen. Nun aus dem linken seitlichen Rand aus jeder 2. Randmasche je 1 Masche auffassen und zusätzlich noch 3 Maschen aus der Anschlagsreihe auffassen (3 + 87 + 3 = 93 Maschen). In der folgenden Rückreihe über alle Maschen rechts stricken.
Maschen wie folgt einteilen: 5 Maschen Ajourrippe A, 87 Maschen Blattmuster, 5 Maschen Ajourrippe B. Durch die in den Strickschriften eingezeichneten Zunahmen erhöht sich die Maschenzahl in jeder Hinreihe um 4 Maschen. Die Zunahmen fortlaufend arbeiten, dadurch ergeben sich nach 164 Reihen ab Mascheneinteilung = 421 Maschen.
Nun 2 Reihen glatt links stricken, dabei in der 1. Reihe gleichmäßig verteilt 30 Maschen zunehmen = 451 Maschen. Dann noch 54 Reihen Ajourrüsche stricken. Alle Maschen abketten.

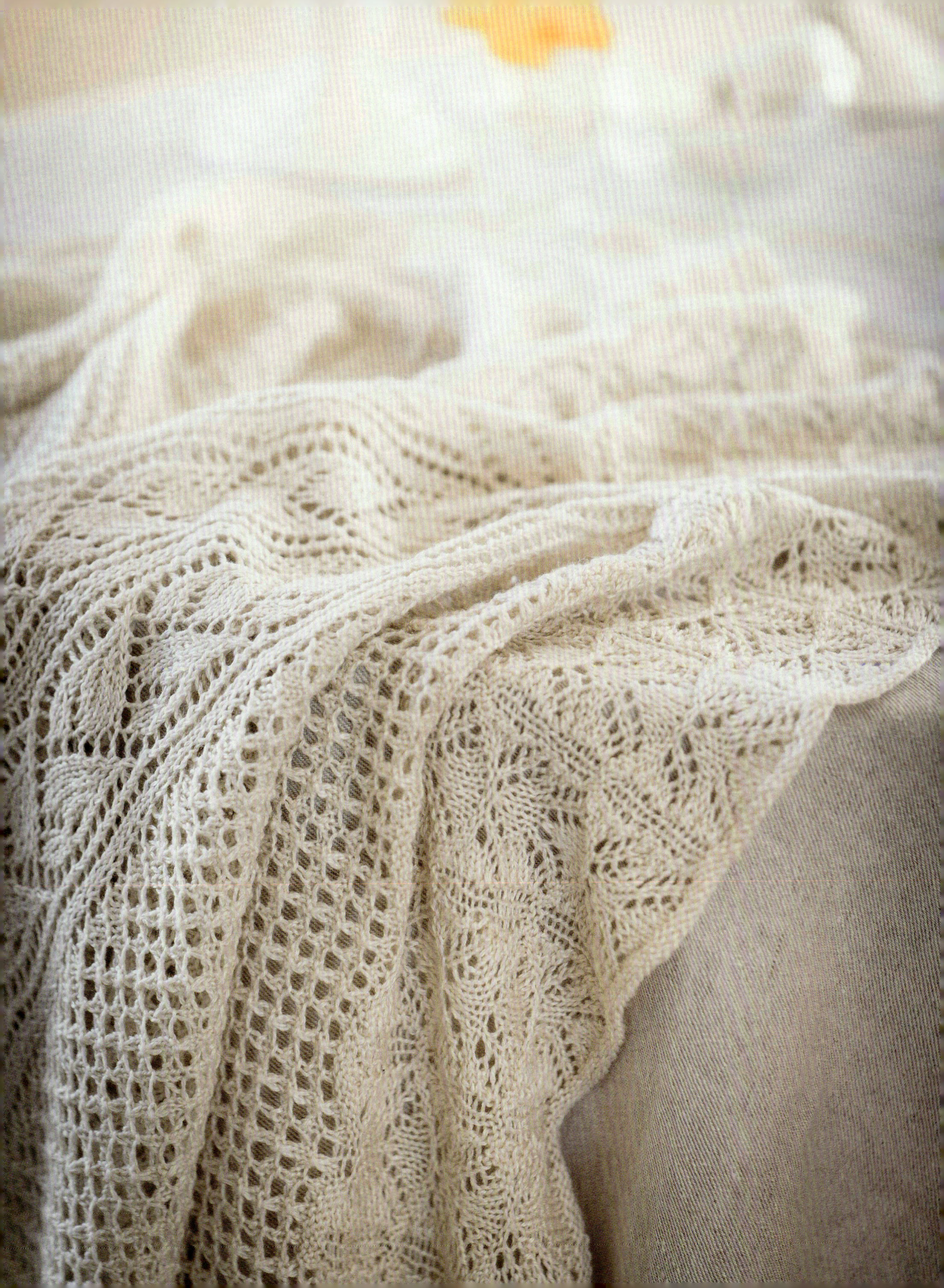

Strickschrift A

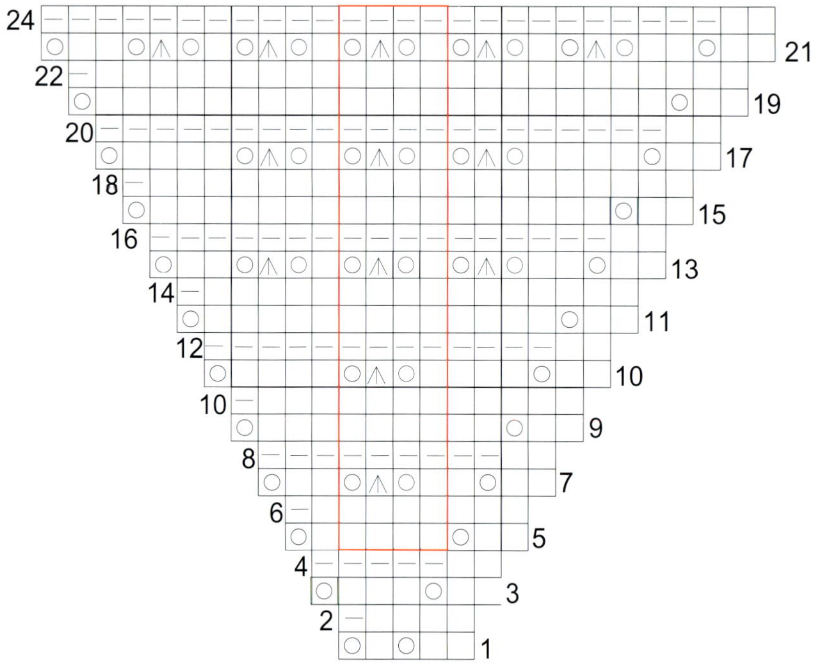

Zeichenerklärung

= 1 Masche rechts

= 1 Masche links

= 1 Umschlag

= 2 Maschen rechts zusammenstricken

= 2 Maschen rechts überzogen zusammenstricken (= 1 Masche wie zum Rechtsstricken abheben, 1 Masche rechts stricken, dann die abgehobene Masche überziehen)

= 3 Maschen mit oben aufliegender Mittelmasche rechts zusammenstricken (= 2 Maschen zusammen wie zum Rechtsstricken abheben, 1 Masche rechts stricken, dann beide abgehobene Masche zusammen überziehen

= 3 Maschen rechts überzogen zusammenstricken (= 1 Masche wie zum Rechtsstricken abheben, 2 Maschen rechts zusammenstricken, dann die abgehobene Masche überziehen)

= 3 Maschen rechts zusammenstricken

Strickschrift B

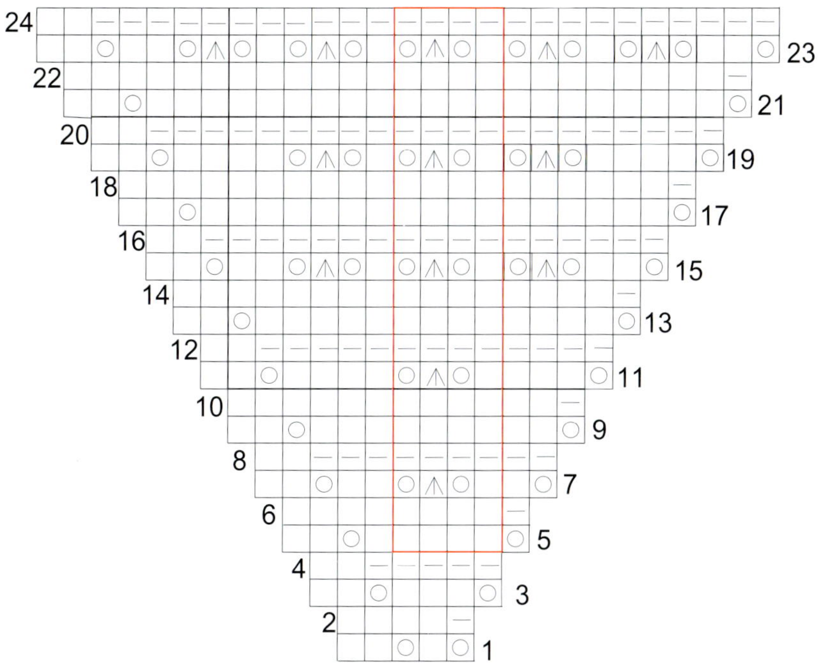

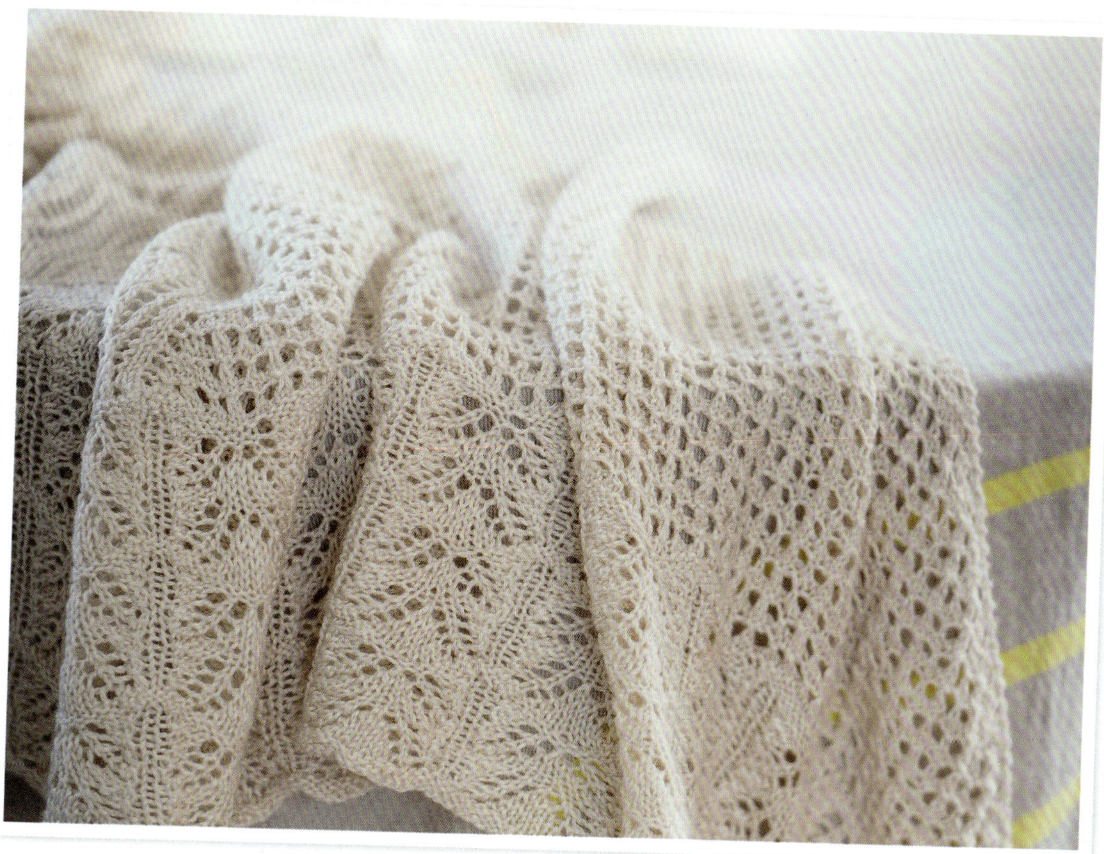

Strickschrift C

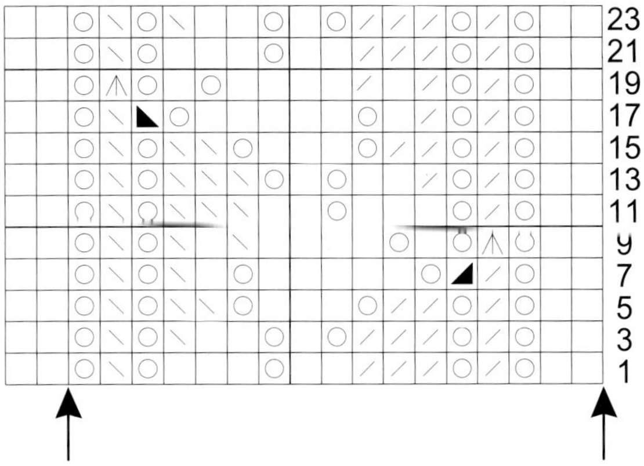

Strickschrift D

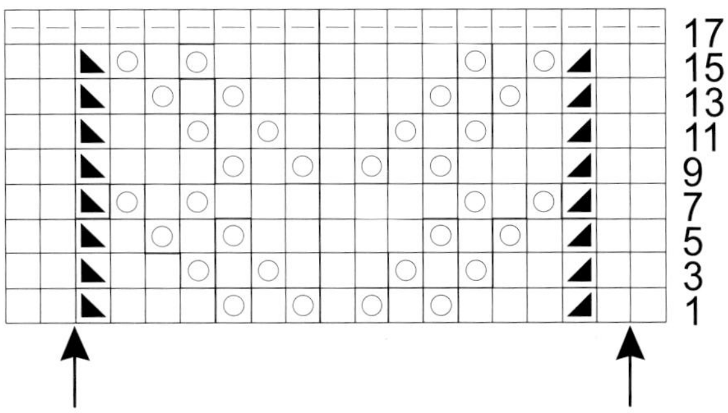

Zeichenerklärung

□ = 1 Masche rechts

⊟ = 1 Masche links

○ = 1 Umschlag

⧄ = 2 Maschen rechts überzogen zusammenstricken (= 1 Masche wie zum Rechtsstricken abheben, 1 Masche rechts stricken, dann die abgehobene Masche überziehen)

⧅ = 2 Maschen rechts zusammenstricken

⩚ = 3 Maschen mit oben aufliegender Mittelmasche rechts zusammenstricken (= 2 Maschen zusammen wie zum Rechtsstricken abheben, 1 Masche rechts stricken, dann beide abgehobene Masche zusammen überziehen

◢ = 3 Maschen rechts überzogen zusammenstricken (= 1 Masche wie zum Rechtsstricken abheben, 2 Maschen rechts zusammenstricken, dann die abgehobene Masche überziehen)

◣ = 3 Maschen rechts zusammenstricken

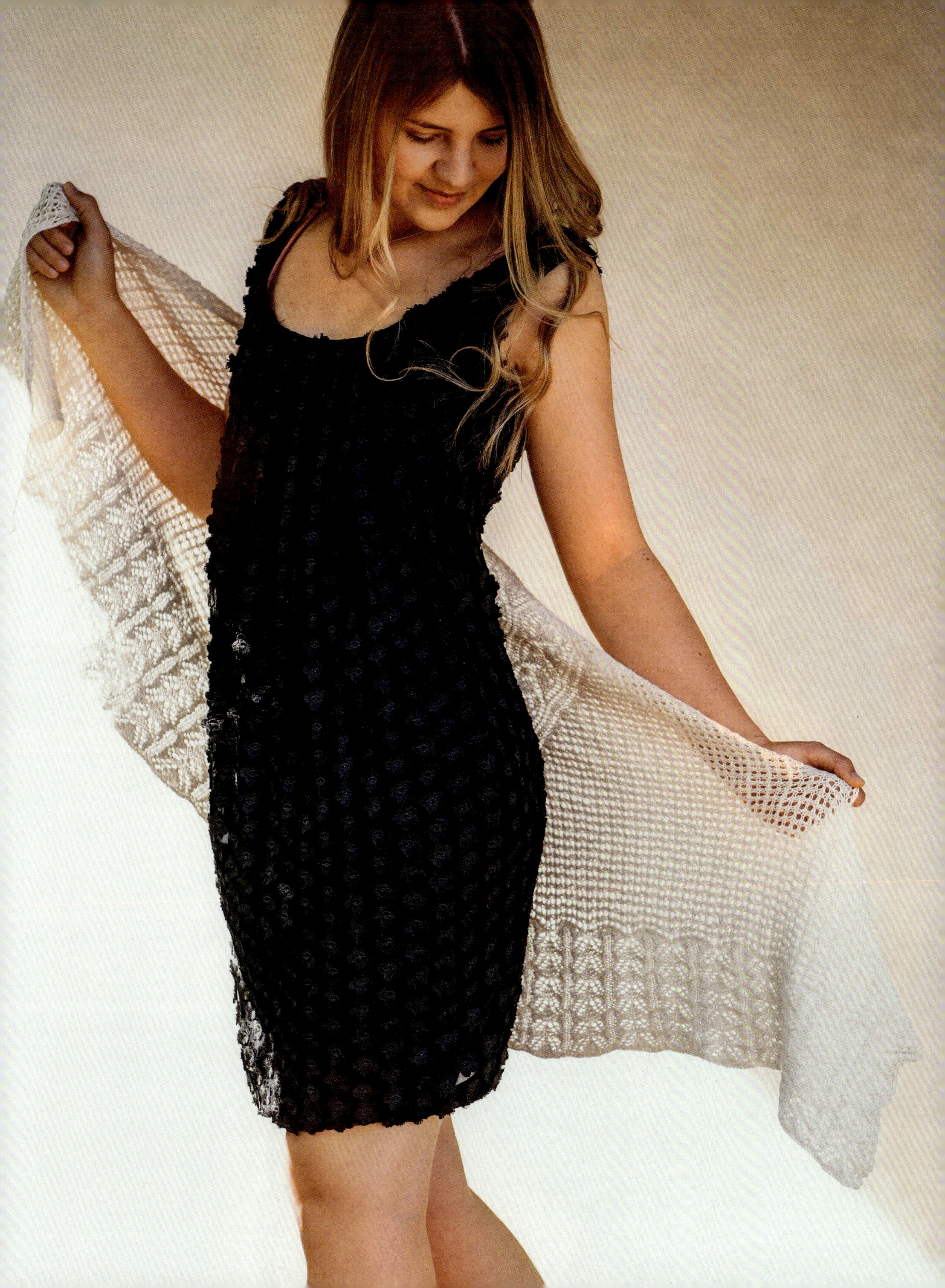

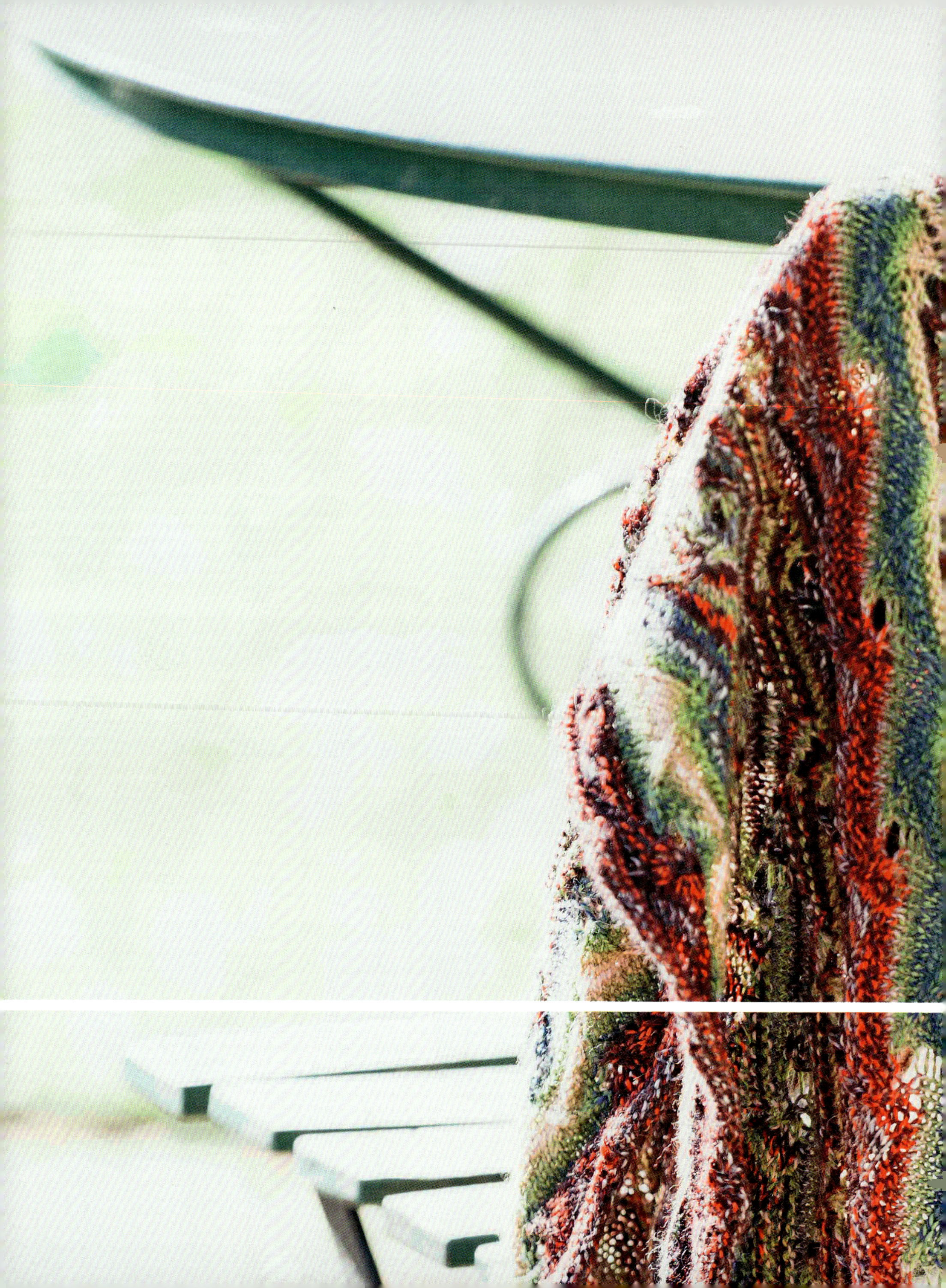

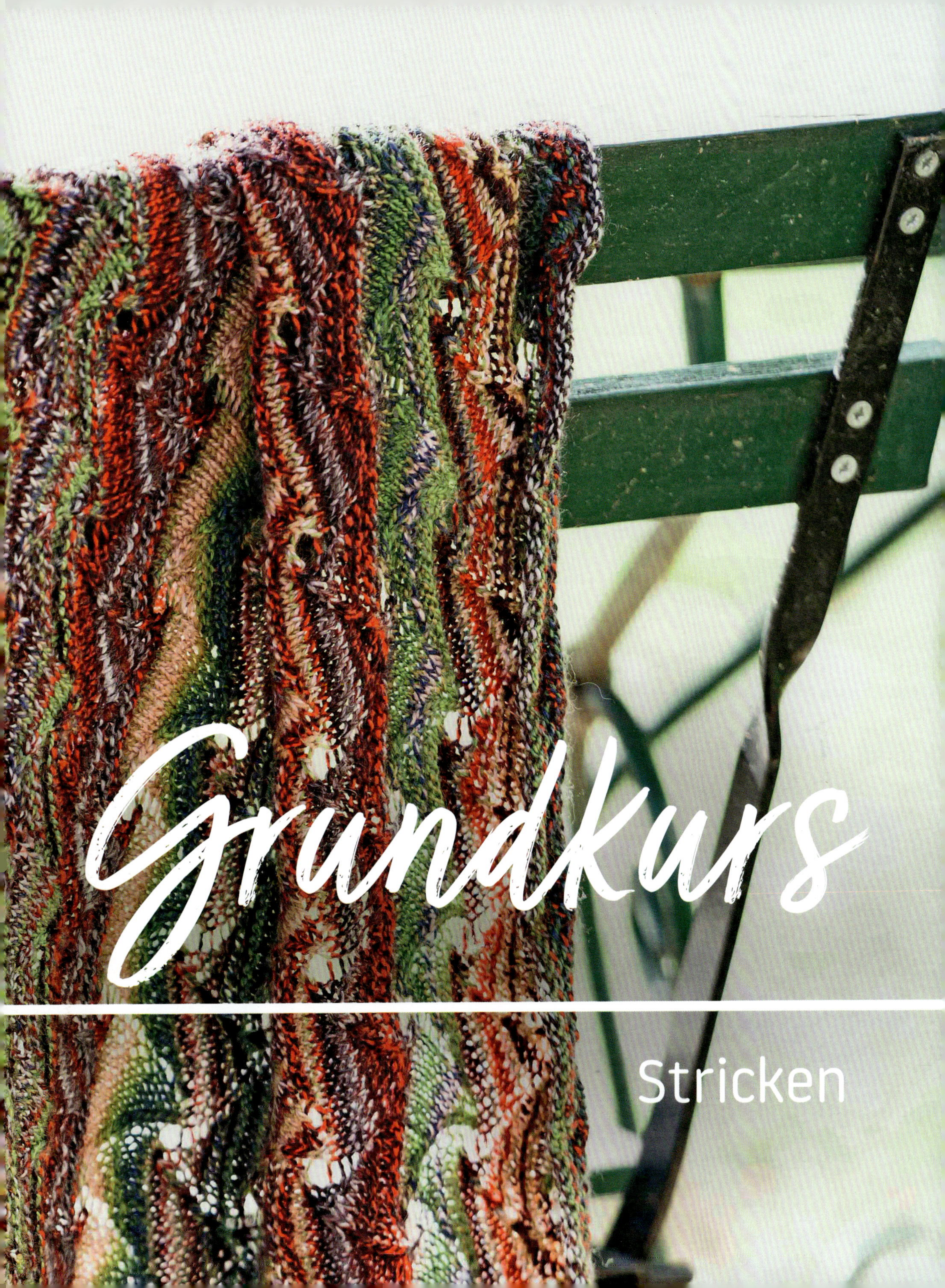

Grundkurs

Stricken

2 Maschen rechts zusammenstricken

Den Faden hinter die Arbeit legen. Mit der rechten Nadel von links nach rechts durch beide Maschen stechen.

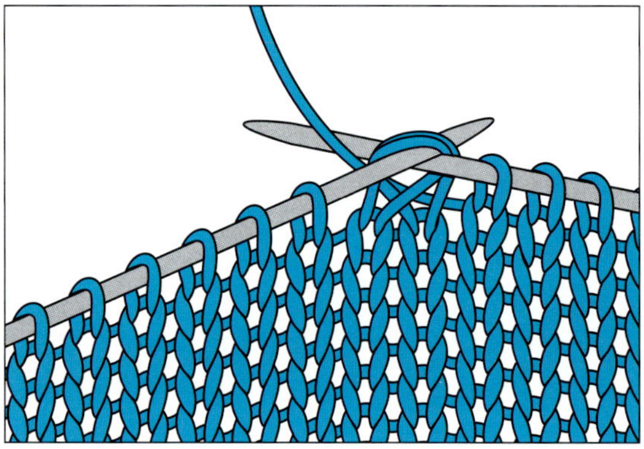

Den Faden durchholen und die Maschen von der linken Nadel gleiten lassen.

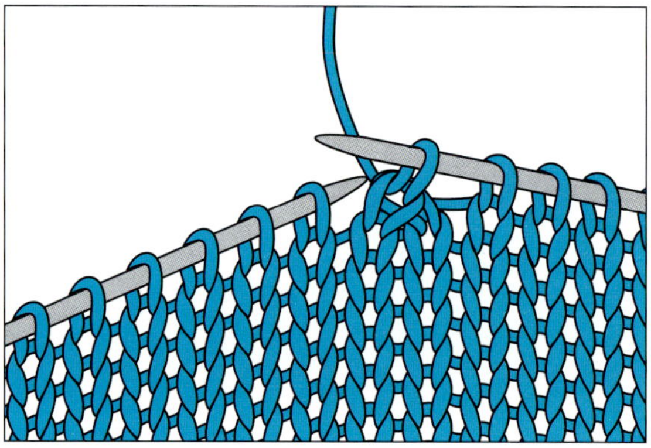

2 Maschen links zusammenstricken

Wie bei einer linken Masche den Faden vor die Arbeit legen, von rechts nach links durch beide Maschen stechen und den Faden durchholen.

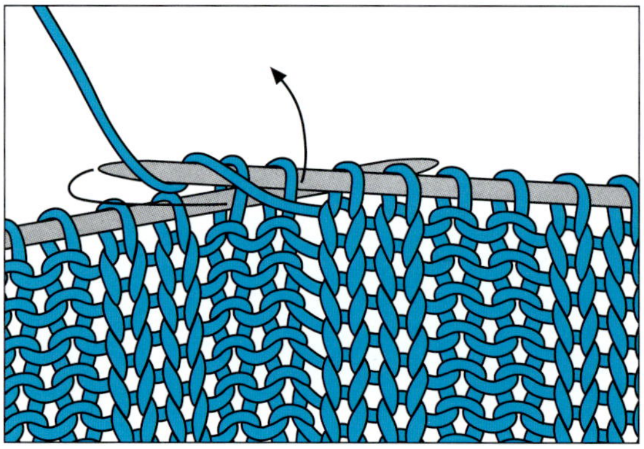

Die Maschen von der linken Nadel gleiten lassen.

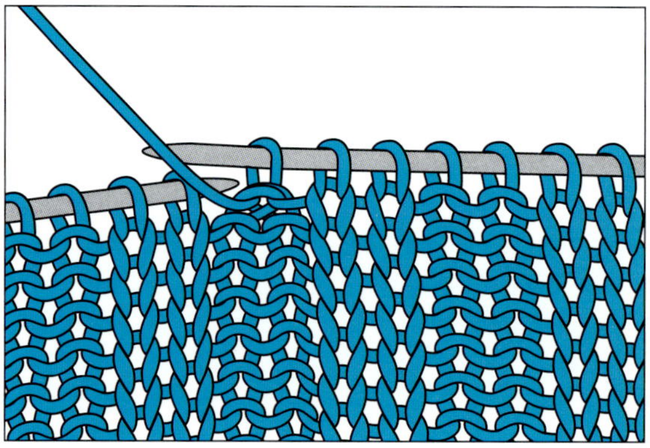

2 Maschen links verschränkt zusammenstricken
Von links nach rechts zugleich in das hintere Maschenglied der beiden Maschen einstechen und den Faden durchholen.

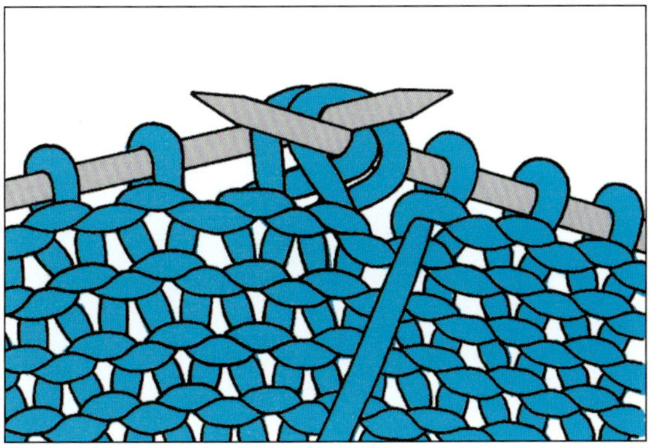

2 Maschen rechts überzogen zusammenstricken
1 Masche wie zum Rechtsstricken abheben.

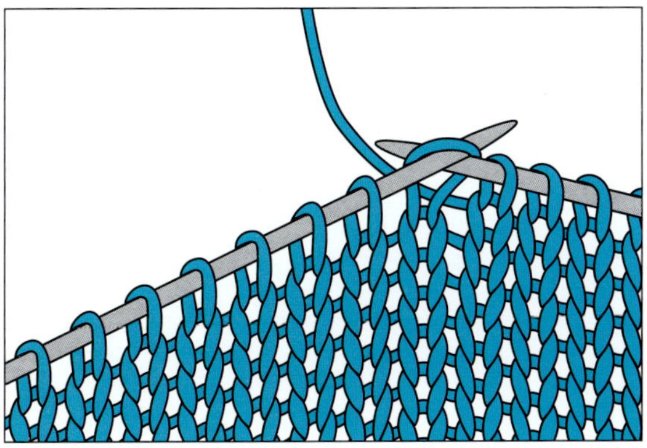

Die folgende Masche rechts stricken und die abgehobene Masche darüberziehen.

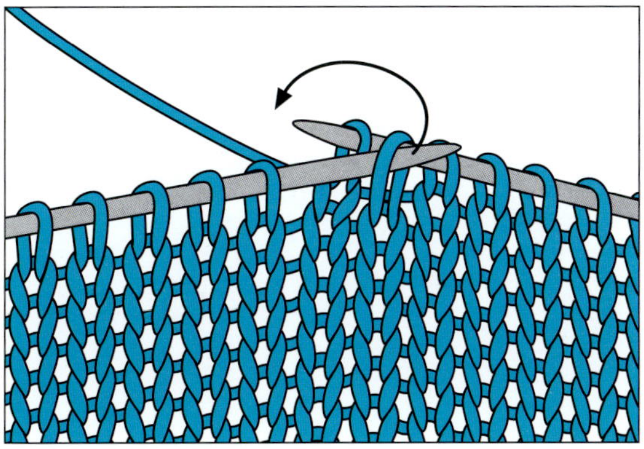

3 Maschen überzogen zusammenstricken

1 Masche wie zum Rechtsstricken abheben und die beiden folgenden Maschen rechts zusammenstricken.

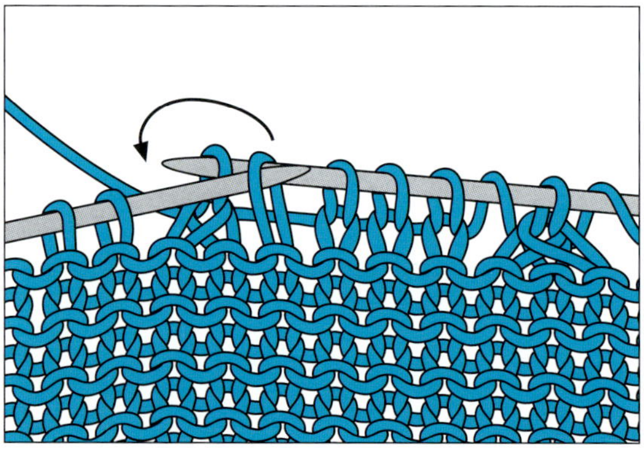

Dann die abgehobene Masche über die zusammengestrickten Maschen ziehen.

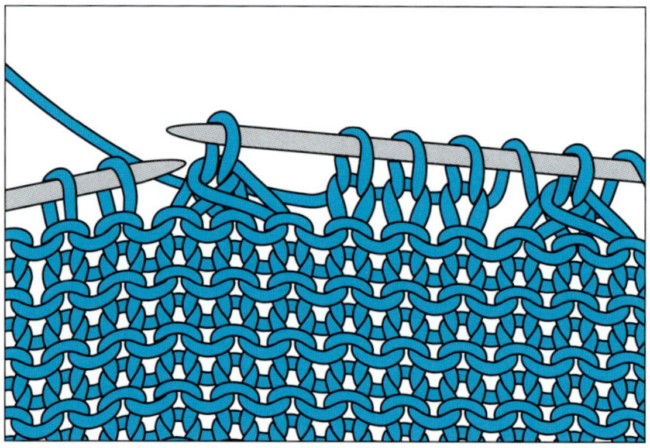

3 Maschen mit aufliegender Mittelmasche rechts zusammenstricken

Die Masche vor der Mittelmasche mit der Mittelmasche zusammen wie zum Rechtsstricken abheben.

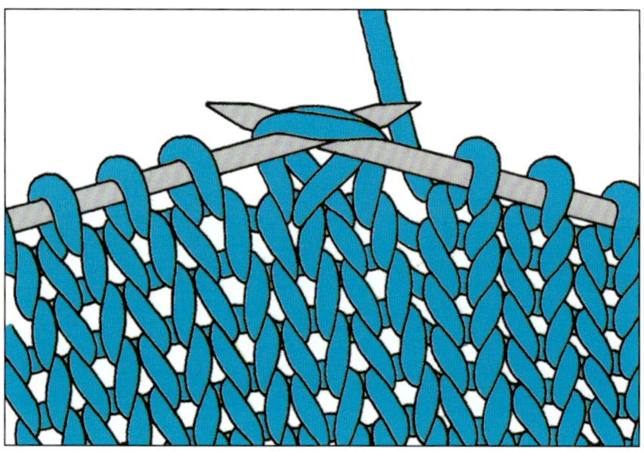

Die folgende Masche rechts stricken, dann die beiden abgehobenen Maschen zusammen über die gestrickte Masche ziehen.

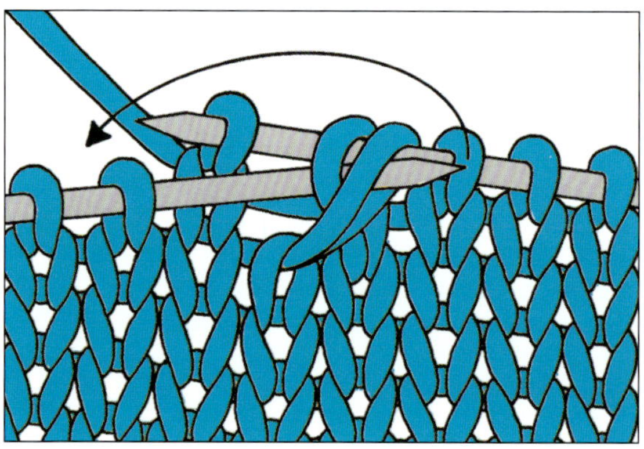

Zunahme links verschränkt aus dem Querfaden

Den Querfaden zwischen 2 Maschen mit der linken Nadel von vorn nach hinten aufnehmen.

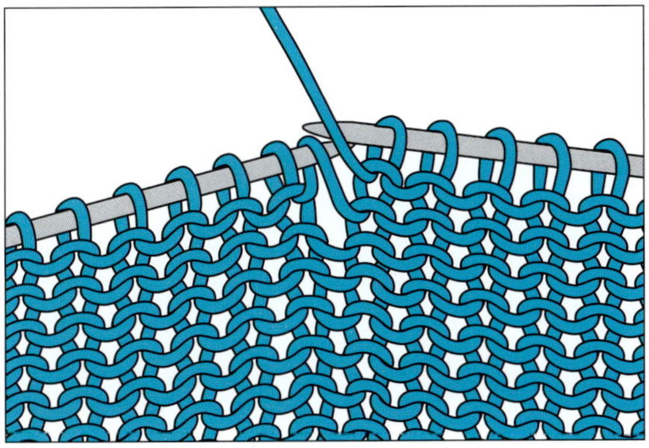

Den Arbeitsfaden nach vorne legen. Von links nach rechts in den hinteren Schlingenteil einstechen und den Faden durchholen. Den aufgenommenen Querfaden von der linken Nadel gleiten lassen.

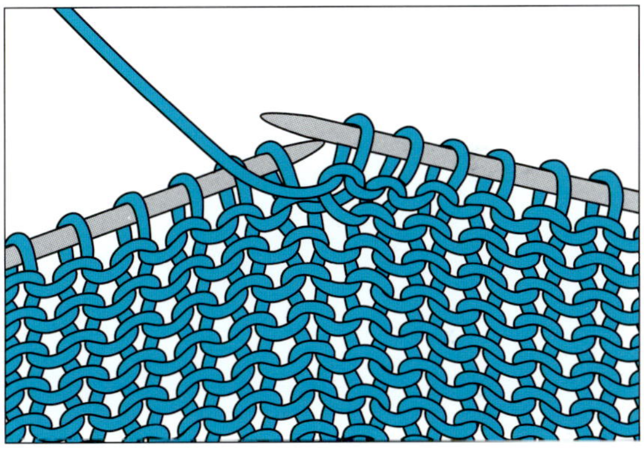

Zunahme rechts verschränkt aus dem Querfaden

Den Querfaden zwischen 2 Maschen mit der linken Nadel von vorn nach hinten aufnehmen.

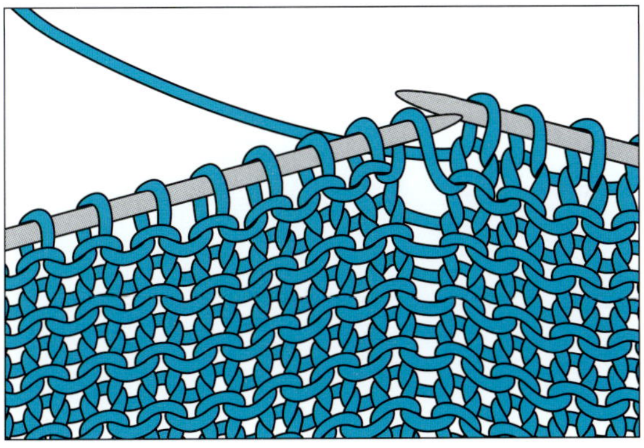

In den hinteren Schlingenteil einstechen. Der Arbeitsfaden liegt hinten. Faden durchholen. Den aufgenommenen Querfaden von der linken Nadel gleiten lassen.

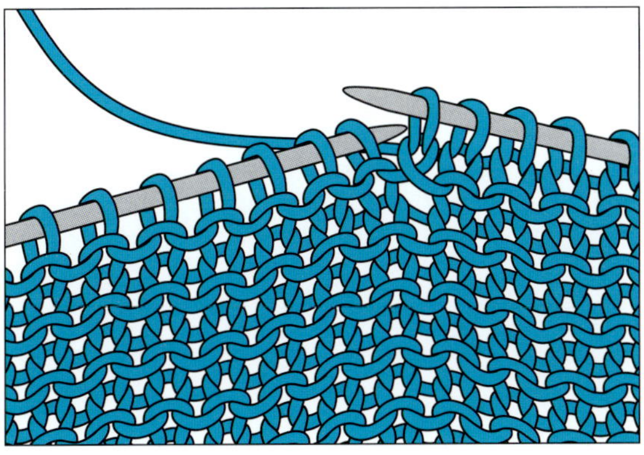

Grundkurs Stricken

Maschen herausstricken

5 Maschen aus 1 Masche (= 1 Masche rechts, 1 Umschlag im Wechsel, enden mit 1 Masche rechts): * Wie zum Rechtsstricken in die Masche einstechen, den Faden holen. Die Masche noch nicht von der linken Nadel gleiten lassen, sondern 1 Umschlag aufnehmen, ab * noch 1 x wiederholen, wieder zum Rechtsstricken in die Masche einstechen und den Faden holen. Nun die Masche von der Nadel gleiten lassen.

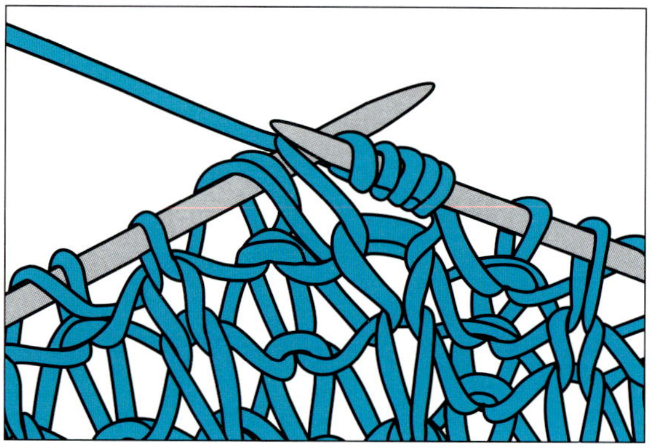

Farbwechsel in der Reihe

Damit beim Farbwechsel keine Löcher entstehen, die Fäden verkreuzen, d. h. den alten Faden vor den neuen legen und mit dem neuen Faden weiterarbeiten. Auf eine gleichmäßige Fadenspannung achten.

Auch in der Rückreihe die Fäden verkreuzen, hier wird der alte Faden hinter den neuen gelegt. Der alte Faden bleibt auf der Arbeitsrückseite

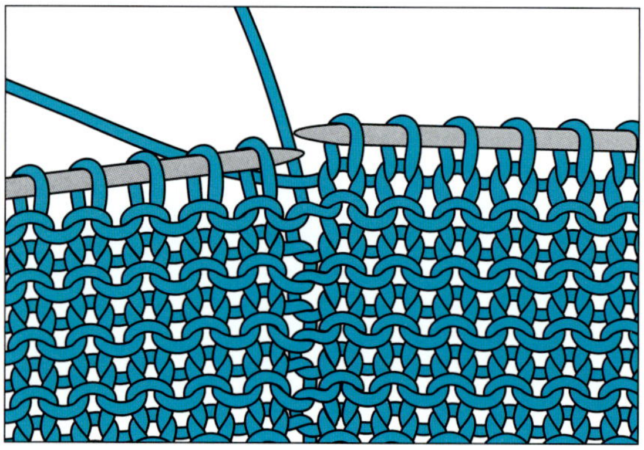

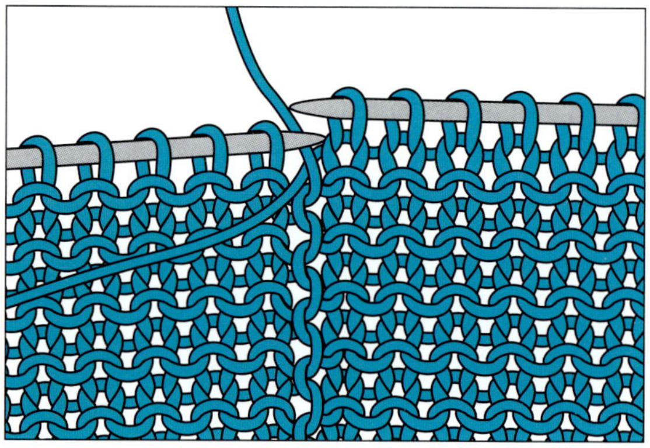

Hebemaschen

Pro Reihe wird nur mit einer Farbe gestrickt. In der 1. Reihe (= Hinreihe) laut Strickschrift Maschen links abheben: Den Faden hinter die Arbeit legen, wie zum Linksstricken in die Masche einstechen und sie auf die rechte Nadel nehmen, ohne sie zu stricken.

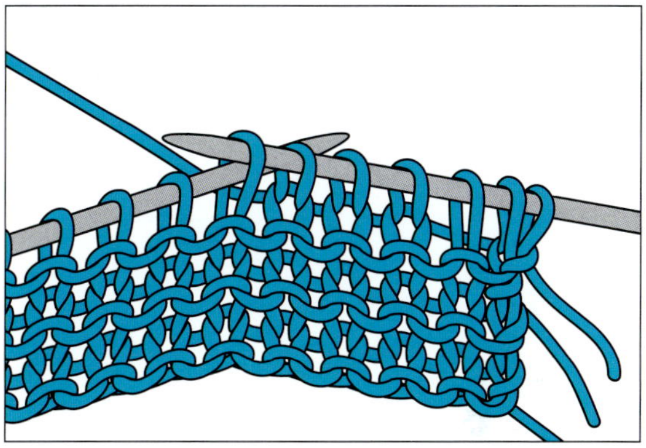

In den Rückreihen die Hebemaschen ebenfalls links abheben, der Faden liegt dabei aber vor der Arbeit: Wieder wie zum Linksstricken in die Masche einstechen und sie auf die rechte Nadel nehmen, ohne sie zu stricken. Den Faden dabei locker vor der Masche weiterführen.

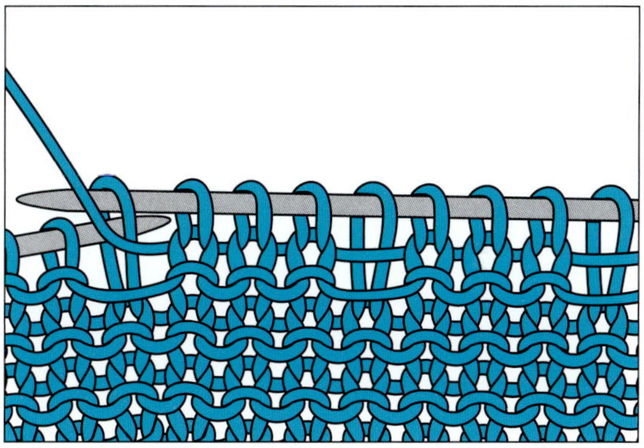

So werden die Hebemaschen von Reihe zu Reihe nur abgehoben und ziehen sich dadurch in die Länge. In der Anleitung ist angegeben, wann die Hebemaschen wieder mitgestrickt werden.

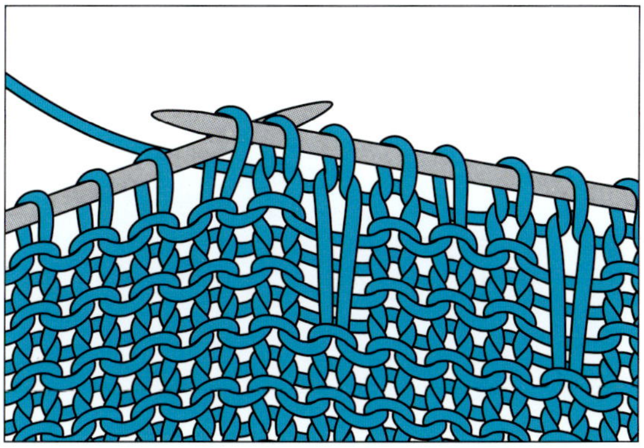

Grundkurs Stricken

Maschen auffassen

Werden die Maschen an der **Anschlag- oder Abkettkante** aufgefasst, in die Masche unterhalb der Kante einstechen und den Faden durchholen. Hier wird aus jeder Masche eine Masche herausgestrickt.

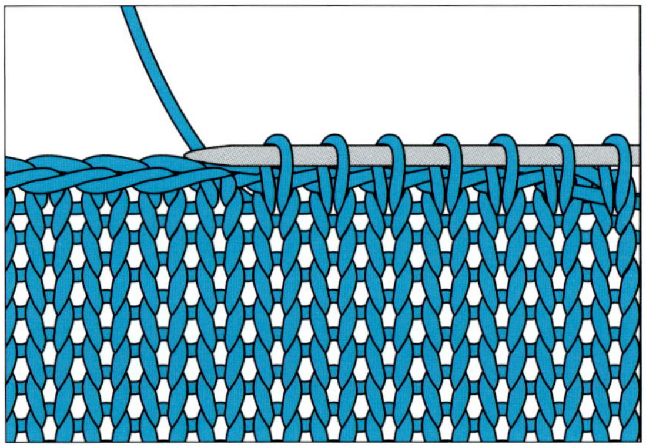

Werden die Maschen am **Reihenanfang oder -ende** aufgefasst, mit der Nadel das außen liegende Maschenglied der 1. Masche nach der Randmasche erfassen und den Faden durchholen. Bei längeren Geraden ca. jede 4. Reihe übergehen.

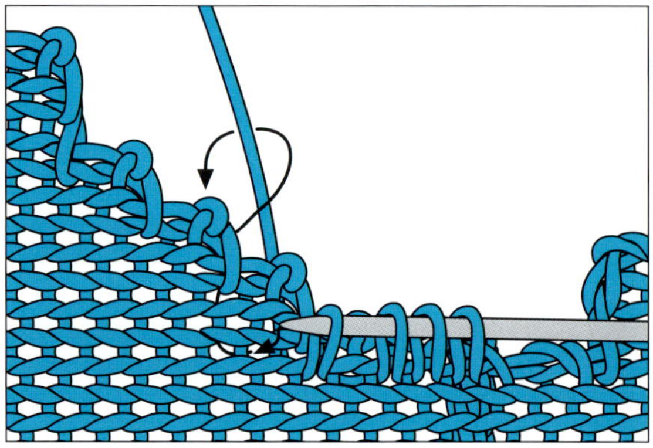

Maschen abketten

Die ersten 2 Maschen stricken. Mit der linken Nadel in die 1. Masche stechen, diese über die 2. Masche heben.

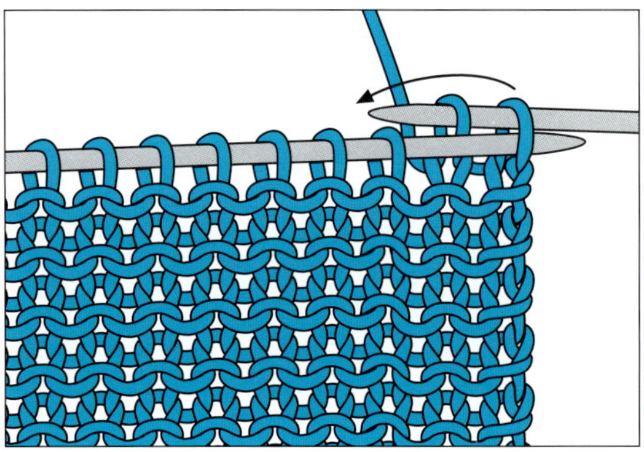

Die nächste Masche stricken und die vorhergehende Masche darüberziehen. Am Ende Faden abschneiden und durch die letzte Masche ziehen.

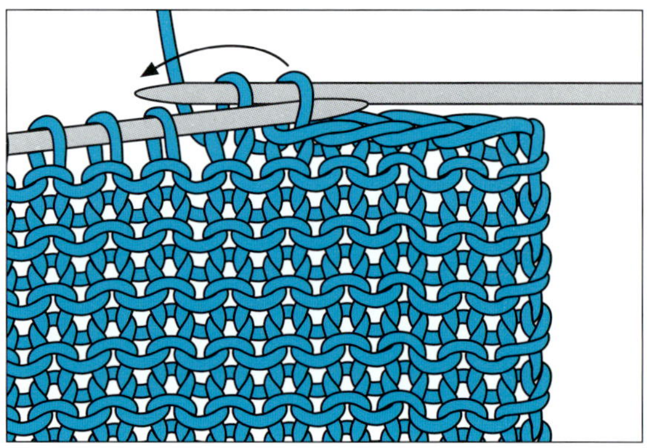

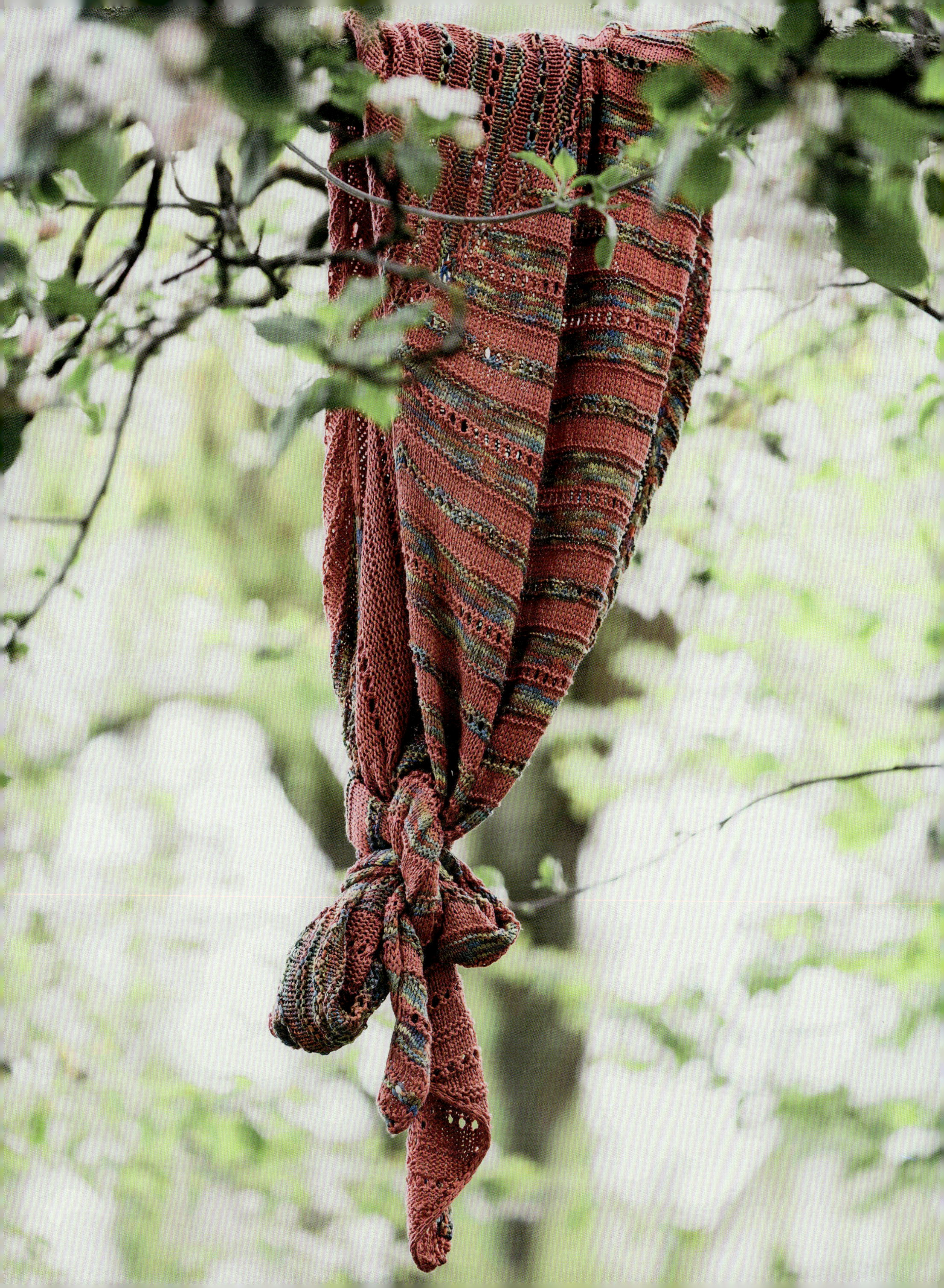

IMPRESSUM

Autorin: Babette Ulmer
Fotos & Styling: Anne Schulz
Redaktion: Maria Möllenkamp
Projektmanagement: Johanna Heiß
Lektorat: Johanna Heiß
Umschlaggestaltung: Regina Degenkolbe
Satz: Elke Mader
Repro: LUDWIG:media
Herstellung: Kathleen Baumann
Printed in Turkey by Elma Basim

★★★★★

Sind Sie mit diesem Titel zufrieden? Dann würden wir uns über Ihre Weiterempfehlung freuen. Erzählen Sie es im Freundeskreis, berichten Sie Ihrem Buchhändler oder bewerten Sie beim Onlinekauf. Und wenn Sie Kritik, Korrekturen oder Aktualisierungen haben, freuen wir uns über Ihre Nachricht an Christian Verlag, Postfach 40 02 09, D-80702 München oder per E-Mail an lektorat@verlagshaus.de.

Unser komplettes Programm finden Sie unter

www.christophorus-verlag.de

Autorin und Verlag haben alle Angaben und Anleitungen mit größtmöglicher Sorgfalt zusammengestellt. Dennoch kann bei Fehlern keinerlei Haftung für direkte oder indirekte Folgen übernommen werden. Garne, Materialien und Modelle können von den jeweiligen Originalen abweichen. Die bildliche Darstellung ist unverbindlich.

Sollte dieses Werk Links auf Websites Dritter enthalten, so machen wir uns die Inhalte nicht zu eigen und übernehmen für die Inhalte keine Haftung.
In diesem Buch wird aus Gründen der besseren Lesbarkeit das generische Maskulinum verwendet. Weibliche und anderweitige Geschlechteridentitäten werden dabei ausdrücklich mitgemeint, soweit es für die Aussage erforderlich ist.

Bildnachweis
Vor- und Nachsatz: shutterstock.com/xnova

Herstellerverzeichnis
- Austermann über Schöller Süssen GmbH, www.schoeller-wolle.de
- Buttinette Textil-Versandhaus GmbH, www.buttinette.de
- Junghans Wollversand GmbH & Co. KG, www.junghanswolle.de
- Lana Grossa Mode mit Wolle Handels- und Vertriebs GmbH, www.lanagrossa.de
- Locoporella, www.locoporella.de
- ONline-Klaus-Koch GmbH, www.online-garne.de
- Schoppel Wolle, www.schoppel-wolle.de
- Schulana GmbH & Co. KG, www.schulana.de

Die Deutsche Nationalbibliothek verzeichnet diese Publikation in der Deutschen Nationalbibliografie; detaillierte bibliografische Daten sind im Internet über http://dnb.de abrufbar.

2. Auflage 2022

Infanteriestraße 11a
80797 München

ISBN 978-3-8410-6642-8

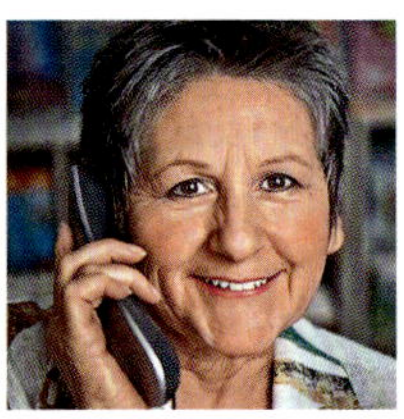

Kreativ-Service

Sie haben Fragen zu den Büchern und Materialien? Frau Erika Noll ist für Sie da und berät Sie rund um alle Kreativthemen. Rufen Sie an! Wir interessieren uns auch für Ihre eigenen Ideen und Anregungen. Sie erreichen Frau Noll per E-Mail: kreativ-service@c-verlag.de oder Tel.: +49 (0) 89 - 13 06 99 - 577.

Besuchen Sie uns im Internet: www.christophorus-verlag.de & www.selbstgemacht.de

Ebenfalls erhältlich ...

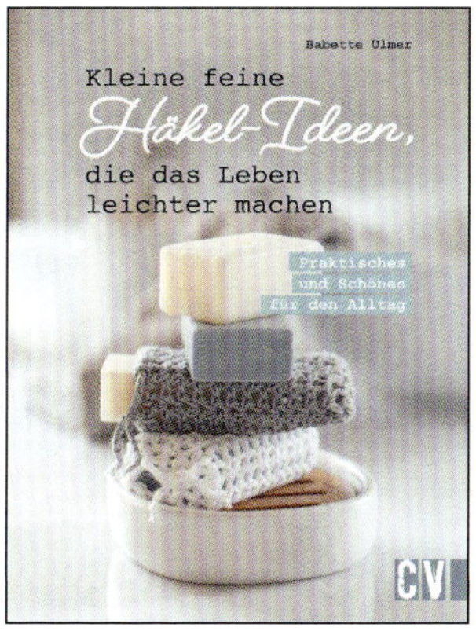

ISBN 978-3-8410-6620-6

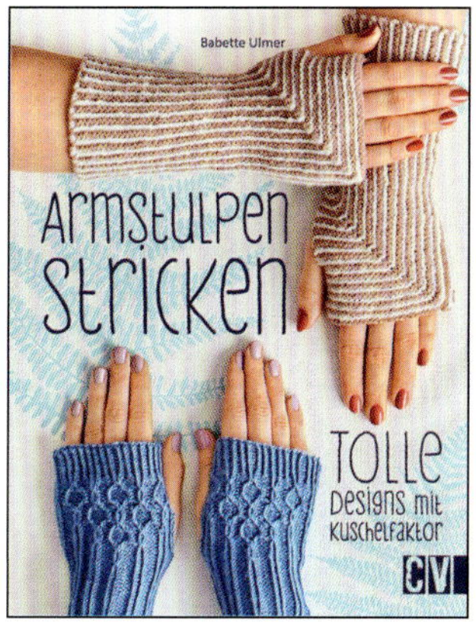

ISBN 978-3-8410-6443-1

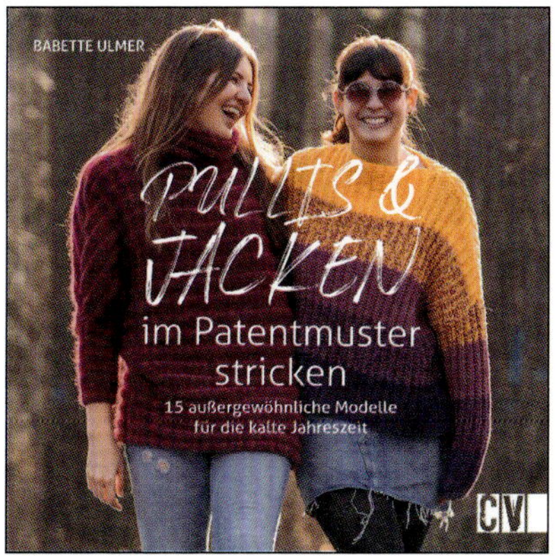

ISBN 978-3-8410-6580-3

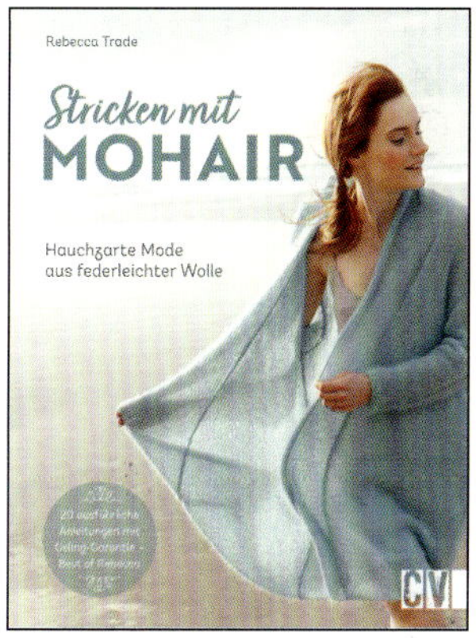

ISBN 978-3-8410-6632-9

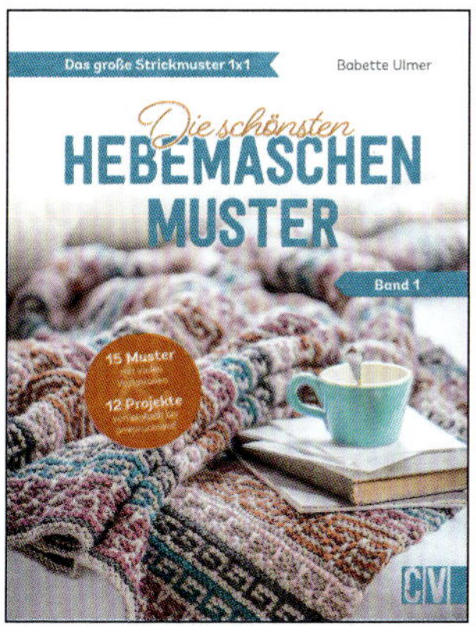

ISBN 978-3-8410-6640-4

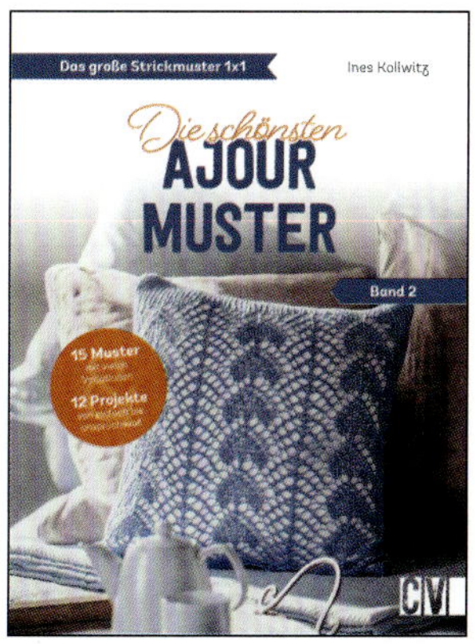

ISBN 978-3-8410-6623-7

www.christophorus-verlag.de